CULTURA FAIL

Diseño de tapa:
LUCAS FRONTERA SCHÄLLIBAUM

DEMIAN STERMAN

CULTURA FAIL

FALLAR Y APRENDER
PARA INNOVAR Y LIDERAR

GRANICA

ARGENTINA - ESPAÑA - MÉXICO - CHILE - URUGUAY

© 2019 *by* Ediciones Granica S.A.

ARGENTINA
Ediciones Granica S.A.
Lavalle 1634 3º G / C1048AAN Buenos Aires, Argentina
granica.ar@granicaeditor.com
atencionaempresas@granicaeditor.com
Tel.: +54 (11) 4374-1456. Ⓦ 1158549690

MÉXICO
Ediciones Granica México S.A. de C.V.
Calle Industria N° 82 - Colonia Nextengo - Delegación Azcapotzalco
Ciudad de México - C.P. 02070 México
granica.mx@granicaeditor.com
Tel.: +52 (55) 5360-1010. Ⓦ 5537315932

URUGUAY
granica.uy@granicaeditor.com
Tel: +59 (82) 413-6195. Fax: +59 (82) 413-3042

CHILE
granica.cl@granicaeditor.com
Tel.: +56 2 8107455

ESPAÑA
granica.es@granicaeditor.com
Tel.: +34 (93) 635 4120

www.granicaeditor.com

ISBN 978-950-641-991-2

Hecho el depósito que marca la ley 11.723

Impreso en Argentina. *Printed in Argentina*

Sterman, Demian
    Cultura Fail / Demian Sterman. - 1a ed . - Ciudad
Autónoma de Buenos Aires : Granica, 2019.
    120 p. ; 22 x 15 cm.

    ISBN 978-950-641-991-2

    1. Administración de Empresas. 2. Gestión. I. Título.
CDD 650.1

No camina quien no ha sabido caer.
No ha caído quien no ha querido avanzar.
No avanza quien no ha intentado levantarse.
Pero para caminar y avanzar,
hay que haber sabido caer,
y aprendido a levantarse.

Sam Korman

A Fabiana Renault. Por el aporte de su infinita creatividad, su guía profesional y su enorme generosidad.

A Esteban Foulkes. Por visualizar que el aprendizaje de las fallas, errores y fracasos podía tener un método. Y también, por ayudar a desarrollarlo.

A Federico Wawryczuk. Por acompañar a la par este proyecto, alimentarlo, hacerlo crecer y transformarlo en un emprendimiento. A mi socio, gracias.

Sin la presencia de ustedes tres, este proyecto no habría aprendido de sus propias fallas.

Índice

Prólogo

Vivimos en un mundo VICA (*volátil, incierto, complejo* y *ambiguo*) o, como se conoce por su sigla en inglés, VUCA. Este acrónimo fue creado por el US Army War College de los Estados Unidos para describir la situación del mundo después de la Guerra fría y, actualmente, se utiliza en los distintos campos de la estrategia empresarial para describir el contexto de nuestro mundo de hoy.

Vivimos en constante volatilidad, vivenciando cambios todo el tiempo y con mucha velocidad. La falta de predictibilidad crea incertidumbre y confusión, lo que hace a nuestro mundo altamente complejo.

Hoy, esa velocidad de cambios e incertidumbre crea una distorsión de la realidad y gran confusión entre causa y efecto, lo que genera cierta ambigüedad. Entender la realidad que vivimos nos obliga a ser conscientes y a estar preparados para poder anticipar, evolucionar e intervenir sobre lo que sucede dentro de las organizaciones.

En este contexto, lo *volátil*, lo *incierto*, lo *complejo* y lo *ambiguo* son una invitación a la prueba, a la observación, a la experimentación y al aprendizaje. En una realidad con estas características, ¿puede alguien creer que no va a fallar, a errar o a fracasar?

¿Qué harás cuando eso suceda?

Los fallos, los errores y los fracasos generan, en las personas y en las compañías, frustración, desilusión, enojo, rabia y hasta desesperación, sensaciones que nadie quiere experimentar. Esto sucede porque todavía, en la mayoría de las personas y de las compañías, fallar, equivocarse o fracasar sigue siendo considerado un problema.

"El mayor riesgo es no asumir ningún riesgo", suele decir Mark Zuckerberg, creador de Facebook.

Cuando fallamos o fracasamos, *podemos* aprender, *podemos* observar. *Podemos* analizar. *Podemos* modificar, *podemos* volver a intentar, porque siempre *podemos* mejorar. Decía Henry Ford que el fracaso es una gran oportunidad para empezar otra vez con más inteligencia.

La idea de este libro es analizar a fondo este tema, y acercarte metodologías y herramientas que resulten necesarias, para que puedas capitalizar los aprendizajes que dejan las experiencias que no salen como se espera.

Entonces, a partir de poder trabajar sobre ellas, cambiar el rumbo de las cosas, lograr los resultados esperados y hasta mejorarlos.

¿Qué vas a encontrar en este libro?

Aquí vas a encontrar una nueva manera de pensar la cultura del trabajo, los procesos productivos y las formas de organización laboral, acordes con el mundo VICA en el que vivimos. Así entenderemos por qué es necesario construir una verdadera cultura FAIL.

Hablaremos de la **falla**, el **error** y el **fracaso**, como ejes fundamentales para la creatividad, la experimentación, el aprendizaje y la creación de nuevas herramientas, indispensables para anticipar, evolucionar e intervenir en el día a día, tanto personal como laboral.

¡Bienvenidos a la cultura FAIL, donde fallar y aprender es **imprescindible** para innovar y liderar!

CAPÍTULO 1

FAIL
Fallar y Aprender para Innovar y Liderar

La solución está en el problema

Albert Einstein decía a sus alumnos que si él tuviera una hora para resolver el problema del mundo, usaría 55 minutos en analizar ese problema para llegar a un diagnóstico certero, y una vez conocidas las causas, tardaría 5 minutos en encontrar una solución.

Así fue que el suizo Peter Sonderegger, exdirector de Strategyzer (creador del *Business Model Canvas*®) y consultor de empresas, ensayó su reflexión sobre esta idea de Einstein:

> "Vivimos en un mundo que dedica más tiempo a buscar soluciones a los problemas, que a buscar y analizar las causas que los provocan".

¿Qué riesgos podría implicar para una compañía, tratar de solucionar un problema sin analizar sus causas? A lo largo de este libro responderemos esta pregunta, con ejemplos tomados de historias reales.

Las fallas: probar y fallar hasta probar y no fallar

Probar y fallar *constituye el primer eslabón de una cadena que termina en* **probar y no fallar.**
Cada eslabón es un conocimiento que necesita ser aprendido.
No fallar no es el objetivo final, sino que es el resultado del aprendizaje adquirido.

Era 1979 y James Dyson, un ingeniero e inventor inglés, pasaba la aspiradora en su casa. Molesto por el ruido que hacía su aparato, lo poco que succionaba y lo mucho que se atascaba, decidió abrir la tapa y ver con qué se encontraba. ¿Qué fue lo que descubrió?: una bolsa de recolección de basura obstruida.

Entonces procedió a reemplazarla por una bolsa casera improvisada. Su trabajo no funcionó. La aspiradora tampoco. De modo que pensó que lo que le estaba ocurriendo a él, también les estaría pasando a muchos más.

Como ingeniero e inventor que era, razonó que, si podía solucionar de alguna manera creativa este inconveniente, estaría solucionando, además, el inconveniente de muchas personas. Había detectado una oportunidad.

Su idea parecía sencilla: crear una aspiradora que no necesitara de una bolsa. Sin bolsa, no habrá atascos –pensó.

Por su profesión de ingeniero y porque algo sabía de fuerzas centrífugas, James Dyson puso manos a la obra. A lo largo de 10 años, llegó a hacer 5.127 prototipos, hasta conseguir que el aparato cumpliera perfectamente con lo que él se había propuesto. Finalmente, logró una aspiradora sin bolsa, sin atascos, sin problemas.

Pero las fallas y los fracasos de sus prototipos no fueron el único inconveniente que tuvo que afrontar. Los fabricantes y los distribuidores de aspiradoras le cerraron las puertas a su producto porque, si llegaba a resultar exitoso, dejaría fuera del mercado el negocio de las bolsas de repuesto.

Entonces, decidió abrirse camino en Japón, lejos del Reino Unido, donde su producto fue muy bien recibido. Al tiempo volvió a Londres para conquistar el mercado local. Hasta el momento, lleva más de 45 millones de aspiradoras vendidas.

En la actualidad, sus productos están presentes en 65 países y su compañía emplea a más de 3.000 personas.

La realidad del mundo del trabajo demuestra tres cosas:

1. Si algo tiene posibilidades de fallar, probablemente falle.
2. Aquello que falla está alertando de que algo en su sistema necesita ser mejorado.
3. Nadie quiere fallar, nadie trabaja para fracasar y nadie intenta algo para equivocarse. Pero cuando alguna de estas tres situaciones sucede, trae consigo un gran caudal de información que hay que aprovechar.

Existe una idea arraigada de que tanto las corporaciones como las instituciones y las empresas, así como los emprendedores, prefieren ignorar la falla, el error y el fracaso. Sin embargo, nuestra experiencia indica todo lo contrario.

La mayoría de las compañías están preocupadas, ocupadas y muy concentradas en tratar de detectar sus fallas, sus errores y sus fracasos.

El problema es que no saben qué hacer con toda la información que entregan sus fallidas experiencias, ni de qué manera aprovecharla.

La organización *Failculture*®, que trabaja a partir del conocimiento de fallas, ha detectado este problema y ha desarrollado una metodología que permite, justamente, concentrar la información de las fallas, los errores y los fracasos, aprovecharla y transformarla en aprendizajes y nuevas herramientas.

El objetivo de la implementación de este nuevo sistema de trabajo es que cada compañía pueda aprender, avanzar e innovar, a partir de sus propias experiencias y de las experiencias de otras compañías.

Además, el *Failure Memory Method*® es un instrumento de memoria de trabajo, que permite, a las personas y a las compañías, dejar un registro de su conocimiento, para poder tenerlo disponible todo el tiempo y que, así, resulte una herramienta de aprendizaje, aun para aquellos que no hubieran intervenido en el proceso del proyecto.

El *Failure Memory Method*®

¿Qué es, cómo funciona y qué beneficios aporta el *Failure Memory Method*®? Para este método, también conocido por su denominación abreviada, *Failmory*®, el proceso estándar de la generación de un proyecto consta de 4 momentos:

1. Momento de la creatividad.
2. Momento de la planificación.
3. Momento de la acción.
4. Momento del aprendizaje.

A su vez, cada uno de estos 4 momentos tiene sus propias etapas.

1. **Creatividad**
   a. Diagnóstico
   b. Oportunidad
   c. Idea

CREATIVIDAD	PLANIFICACIÓN	ACCIÓN	APRENDIZAJE
1 QUÉ HAGO PARA QUÉ LO HAGO POR QUÉ LO HAGO	**2** CÓMO LO HAGO	**3** CÓMO ESTÁ FUNCIONANDO	**4** QUÉ DEBO MODIFICAR

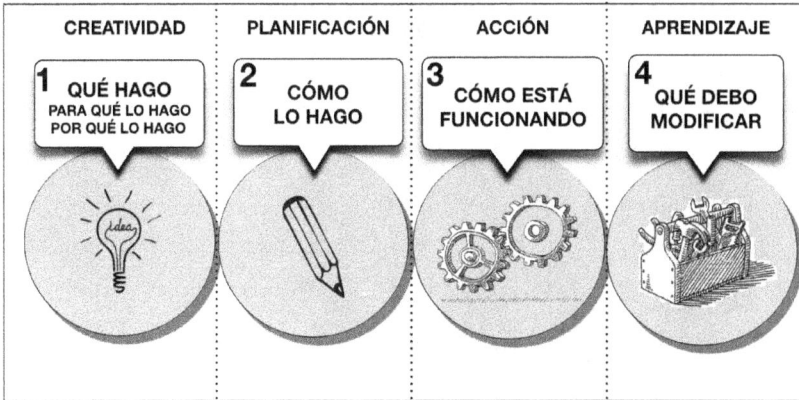

Figura 1. Proceso estándar de generación de un proyecto.

2. Planificación
a. Estrategia
b. Plan de acción
c. *Capabilities* (capacidades y habilidades)
d. Equipo

3. Acción
a. Puntos críticos previstos (PCP)
b. *Start* (comienzo)
c. Puntos críticos imprevistos (PCI)

4. Aprendizaje
a. Observaciones
b. Aprendizajes
c. Nuevas herramientas.

El *Failmory*® propone una estructura y una determinada organización para el desarrollo de cualquier proyecto. Como esta metodología es ágil y dinámica, solo es necesario seguir el orden que propone y cumplir sus pasos uno por uno. De esta manera, además de tener el control de cada uno de los movimientos, también se contará con una sólida memoria del proyecto.

CREATIVIDAD	PLANIFICACIÓN	ACCIÓN	APRENDIZAJE
1 QUÉ HAGO PARA QUÉ LO HAGO POR QUÉ LO HAGO	**2** CÓMO LO HAGO	**3** CÓMO ESTÁ FUNCIONANDO	**4** QUÉ DEBO MODIFICAR
DIAGNÓSTICO OPORTUNIDAD IDEA	ESTRATEGIA PLAN DE ACCIÓN *CAPABILITIES* EQUIPO	PUNTOS CRÍTICOS PREVISTOS *START* PUNTOS CRÍTICOS IMPREVISTOS	OBSERVACIÓN APRENDIZAJES NUEVAS HERRAMIENTAS

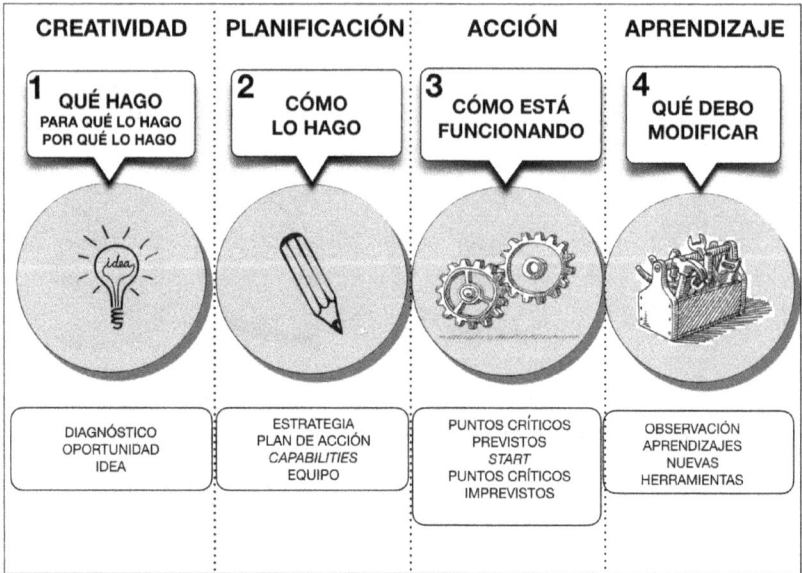

Figura 2. Etapas de un proceso estándar.

Al desarrollar un proyecto, tenemos que pensar en cada una de esas etapas. Si alguna de ellas no cuenta con la información necesaria, le estaríamos dando ventajas y más posibilidades a la aparición de fallas y errores. Cualquiera de ellos podría hacer fracasar nuestro proyecto.

Si lo que estamos desarrollando supera los momentos de *creatividad, planificación* y *acción* sin complicaciones, estamos frente a un proyecto sano. Esto significa, ante un proyecto en marcha y sin necesidad de correcciones. De todas maneras, cualquier proyecto sano puede complicarse con el paso del tiempo, porque nada de lo que se haga puede estar aislado de un contexto que, como tal, funciona con lógicas propias.

Ningún proyecto, por más exitoso que sea,
está exento de la posibilidad de fracaso.

Experiencias como las de los gigantes Sega, Swiss Air, Olivetti, Atari, Lehman Brothers, Commodore, o el Concorde, entre otras tantas marcas que supieron dominar sus mercados, lo confirman. No pudieron superar sus fallas, sus errores y sus fracasos, ni tampoco los que el contexto puso frente a ellas. Hoy, como consecuencia, ya no existen.

Afortunadamente, quedan sus registros, sus experiencias y, por eso, la posibilidad de que, tanto las personas como las compañías, podamos emplearlas para capitalizar aprendizajes.

La empresa de entretenimiento Netflix es un ejemplo elocuente de una compañía que supo aprender de las fallas que estaba atravesando Blockbuster. Por el contrario, la llegada de la innovación digital al mundo de la fotografía, apalancada por Sony, Nikon, Samsung y Canon, entre otras compañías de electrónica, cambiaron rápidamente el paradigma comercial de las fotos. La gigante Kodak, en cambio, no supo ver, ni tampoco interpretar, en qué estaban fallando su plan y su manera de trabajar. Hoy, la que supo liderar durante 100 años la industria fotográfica es apenas una sombra tratando de sobrevivir.

Ahora, tratemos el caso de aquellos proyectos que son puestos en marcha, habiendo superando los momentos de *creatividad* y *planificación*, pero que comienzan a presentar fallas una vez llevados a la *acción*. En este caso, sin duda, hay que pasar al momento 4, de la *observación*, el *análisis*, los *aprendizajes* y la creación de *nuevas herramientas* para solucionar estos imprevistos.

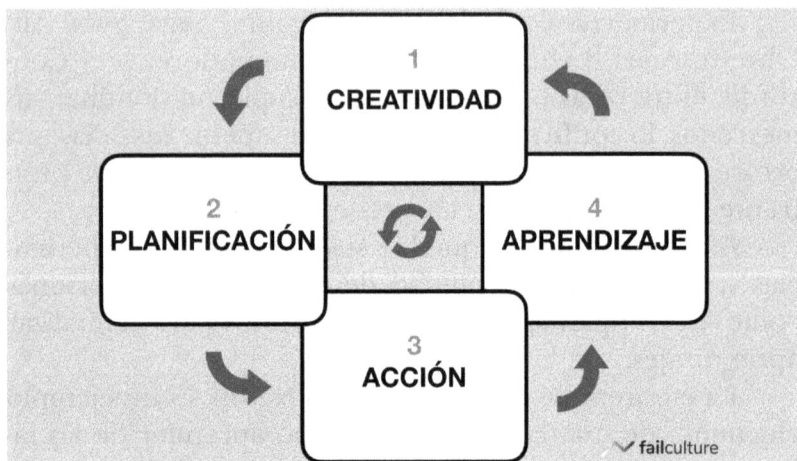

Figura 3. Los 4 momentos del *Failure Memory Method*®.

Figura 4. Interpelaciones a los 4 momentos
del *Failure Memory Method*®.

Esquema de trabajo del *Failure Memory Method*®

La siguiente plantilla representa el circuito del *Failmory*®. Sobre ella se construye el tablero de trabajo que contendrá todo el proceso de creación, de planificación, de acción y de aprendizaje del proyecto.

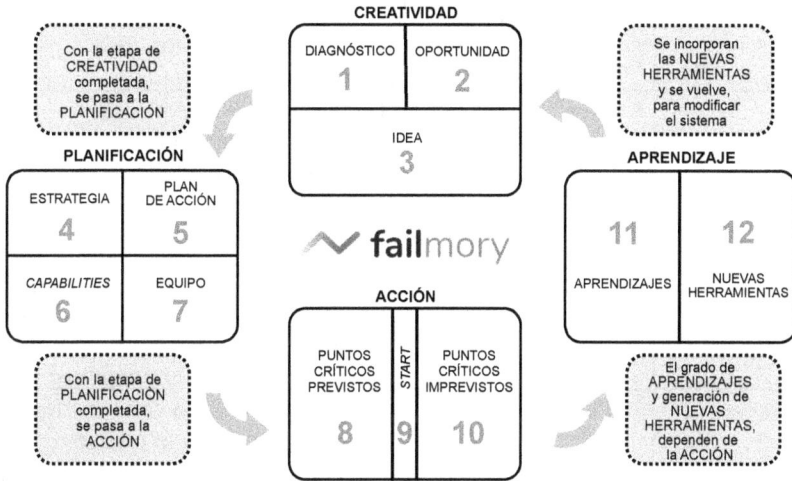

Figura 5. *Failure Memory Method*®**. Plantilla de trabajo y esquema general del análisis de proyectos.**

En la siguiente tabla se muestra qué clase de información de utilidad para el proyecto se espera lograr ubicar en cada una de las "cajas" del sistema.

Momento	Etapa	Preguntas básicas clave (generales)
Creatividad		
	1. Diagnóstico	¿Qué problema o necesidad se observa? Análisis completo del contexto y del tipo de consumidor elegido.
	2. Oportunidad	Si se encontraran una necesidad o una corrección a un problema, ¿qué podría solucionar ese problema o necesidad?
	3. Idea	¿Cuál es la idea que podría satisfacer o solucionar ese problema o necesidad? ¿Cuál es su diferencia respecto de otras opciones vigentes?
Planificación		
	4. Estrategia	¿Qué necesitamos para realizar la idea seleccionada? ¿Cuál será el plan de negocios?
	5. Plan de acción	¿Cómo llevaremos a cabo la idea y cómo lograremos lo que se necesita para realizarla? ¿Cómo se administrarán los medios?
	6. *Capabilities* (Capacidades y habilidades)	¿Qué capacidades y qué habilidades serán necesarias para el desarrollo del proyecto? ¿Cómo deberían constituirse los equipos de trabajo?
	7. Equipo	¿Qué personas cumplen con las capacidades y las habilidades necesarias? Efectuar definición de personas.
Acción		
	8. Puntos críticos previstos (PCP)	¿Qué podría atentar contra el desarrollo del proyecto o contra el universo de la idea? (Cualquier aspecto que pudiera poner en crisis el proyecto).

	9. *Start*	¿Cómo está funcionando el proyecto? ¿Se están cumpliendo los objetivos?
	10. Puntos críticos imprevistos (PCI)	¿Qué problemas imprevistos hay? ¿Qué parte del plan de trabajo no se está cumpliendo? ¿Por qué?
Aprendizaje		
	11. Observaciones y aprendizajes	Definición y análisis cada uno de los PCI. ¿Qué está sucediendo? ¿A qué problemas se enfrenta el proyecto? ¿Qué debemos revisar? ¿Qué debemos modificar? ¿Qué podría solucionar el problema? ¿Quién podría solucionar el problema?
	Nuevas herramientas	¿Cómo, dónde, con qué y con quién realizamos la o las modificaciones necesarias? ¿Qué tiempos lleva desarrollar una solución? Momento de iteración.

Hasta acá hemos visto cómo funciona el *Failure Memory Method*® de manera global y en términos generales. Ahora nos adentraremos en el *Failmory*® con más detalle, para aprender cómo funciona esta metodología a partir de cada una de sus 12 cajas y el modo en que hay que utilizarla en el desarrollo de un proyecto.

CAPÍTULO 2

El *Failure Memory Method*® como sistema

Failure Memory Method®

Etapa 1
Creatividad
Del diagnóstico a la idea

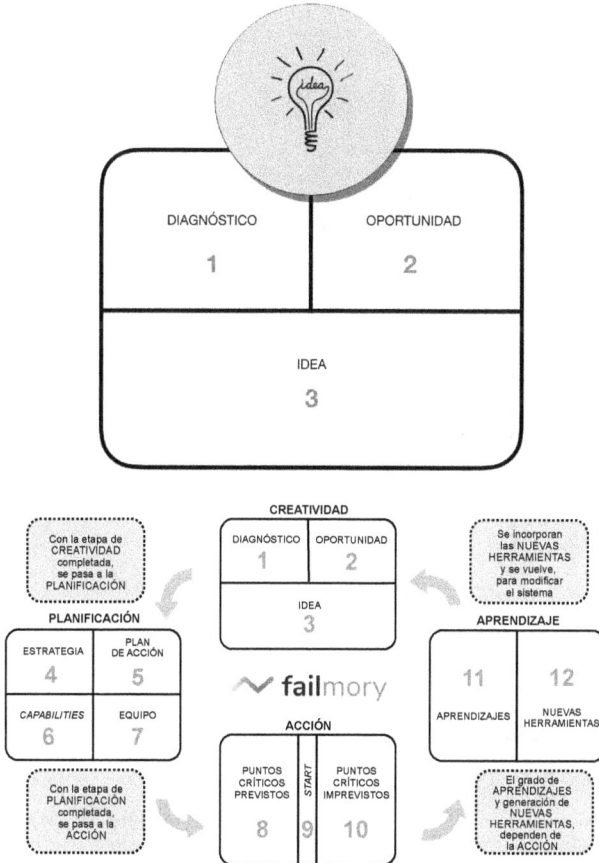

La primera caja del *Failure Memory Method®* es la del momento de la *creatividad.* En el caso de la generación de proyectos, la creatividad se expresa a través de tres preguntas que deben encontrar sus respectivas respuestas:

- **¿Qué es lo que hago?**
- **¿Para qué lo hago?**
- **¿Por qué lo hago?**

Esta *caja creativa,* que es la primera de la metodología, se divide en tres etapas:

1. Diagnóstico
2. Oportunidad
3. Idea

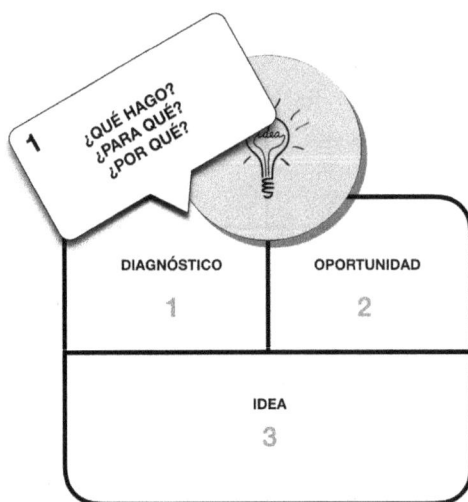

1. Diagnóstico

El diagnóstico determina las bases sobre las que se va a desarrollar todo el proyecto. Se trata de conocer al consumidor y su comportamiento, tanto individual como social, en un espacio y un tiempo determinados. A tal efecto, ¿cuál es la información que resulta indispensable?

- Los usos y costumbres del futuro consumidor.
- Cómo vive.
- Qué hace.
- Cómo es su contexto sociocultural y económico.
- Cuáles son sus preocupaciones.
- Cuáles son sus aspiraciones.
- Qué necesita para vivir mejor.
- De qué manera podría ser más feliz.

Un *diagnóstico* permite encontrar una oportunidad, y la búsqueda de esa oportunidad es el paso 2 de este proceso de *creatividad*. Sin embargo, un diagnóstico equivocado puede significar un gran problema, tanto en su gestación como después de su puesta en marcha. Trabajar con información errónea o insuficiente podría sugerir que existe una oportunidad de negocios donde no la hay. ¿Qué sucedería entonces?

En tal caso, se desarrollará una idea que, por muy buena o atractiva que sea, intentará resolver un problema inexistente. Tan elemental como si un arquitecto diseñara el plano de construcción de una casa, sin saber qué características tiene el suelo. ¿Qué posibilidades habría de que esa construcción fuera viable?

Lo mismo sucede con cualquier proyecto. Lo primero que se debe hacer es definir un diagnóstico lo más completo posible, que permita tener claridad al comenzar a "construir".

2. Oportunidad

Contando con un diagnóstico claro y completo, se podrá tener una idea de cómo está constituido el mercado, de cuáles son los hábitos del *target* de interés, y de cómo interactúan las personas entre sí y cuáles son sus preferencias. A partir de este cúmulo de información, se puede empezar a visualizar alguna necesidad no cubierta, algún problema que se deba solucionar o algún aporte que se pueda hacer para mejorar la vida de un grupo determinado de personas. Pensar en ese sentido es buscar una oportunidad. Cuando esa posibilidad se detecta, ya se está en condiciones de pasar a la siguiente etapa: la idea.

3. Idea

Ideas "geniales" tenemos todos. Pero para que una idea genial se realice, en primer lugar tiene que ser posible. Y para que sea posible, habrá que pensarla, analizarla, elaborar un prototipo, probarla, fortalecerla y, una vez definida, avanzar hacia el momento de *planificación*. Existen muchas maneras y metodologías para probar ideas. Solo habrá que seleccionar alguna y comenzar a pensar y a jugar.

Para avanzar en este primer momento de *diagnóstico, oportunidad* e *idea* que propone el *Failure Memory Method®*, pasaremos revista a algunas experiencias de la vida real, en las que algunas compañías mundialmente conocidas y reconocidas atravesaron momentos críticos de fallas y fracasos. También veremos cómo esas experiencias permitieron a esas compañías y a esos equipos de personas, analizar, aprender, y desarrollar nuevas herramientas para poder avanzar.

```
                          C
                          U                     E
        F           I     R               R
        A           N     I               R
        L           T     O               O
        L     F     E     S     C         R
        A P R E N D I Z A J E S
        S     A     T     D     S         S
              C     O     A     O
              A     S     D     S
              S           E
              O           S
              S
```

A continuación se observan casos reales, en que los errores, las fallas y aun los fracasos definieron su suerte y los caminos que habría sido necesario seguir. Lo que estos casos tienen en común es que sus complicaciones ocurrieron a partir de dificultades creadas por diagnósticos fallidos, por malas lecturas acerca de la oportunidad o a partir de ideas sin ningún propósito.

Lady Yamaha, ninguna Lady

En los Estados Unidos, durante los años 60, el estereotipo de la mujer dedicada a su familia y al hogar entraba en una gran crisis. Este cambio estaba acompañado por el surgimiento de una contracultura: el movimiento *hippie*. Antibelicista, y enarbolando el lema de *Amor y Paz*, la contracultura *hippie* ponía en evidencia la creciente ideología feminista.

También durante los años 60, y en esa coyuntura, la compañía de motos Yamaha decidió irrumpir en el mercado con una idea –que ellos pretendían novedosa– aprovechando toda esa transformación cultural. Así, lanzaron al mercado de los Estados Unidos un *scooter* diseñado exclusivamente para el público femenino.

¿Qué sería lo que diferenciara a este "*scooter* femenino" de otros de similar cilindrada y valor comercial semejante? En primer lugar, su nombre, además de su especial diseño. La llamaron *Lady*, la colorearon de rosa, le agregaron un cesto adelante para llevar la cartera y la bolsa de hacer compras y, para coronar su "acertada observación de la mujer moderna", adornaron con flecos la butaca de la potencial conductora.

Obviamente, existió un problema de diagnóstico. ¿Acaso se hizo una buena lectura de los hábitos de "la típica mujer americana" y de cómo se estaba produciendo su transformación? ¿Era el rosa el color más adecuado para representar a la mujer liberada de los quehaceres del hogar? ¿Se estaba transmitiendo con este producto un mensaje acorde a la gran transformación cultural que se vivía?

¿Es creíble que alguien de Yamaha, antes del lanzamiento del *scooter Lady*, se haya planteado estas esenciales preguntas? Evidentemente no, con el indeseable resultado de que el producto durara en el mercado solo dos años.

El fracaso de la *Lady Yamaha* pudo haberse previsto y anticipado. Solo se tendría que haber realizado una buena lectura del contexto sociocultural, puesto que, como se dijo anteriormente, nada que se haga puede estar aislado de él.

Sesenta años después, Casio volvió a hacerlo

El 28 de enero de 2019, la compañía Casio presentó una nueva calculadora de color rosa y publicó lo siguiente desde su cuenta de Facebook (Casio Calculators Global):

CASIO Calculators Global
28 ene. a las 21:53 · ⊘

Queremos que las mujeres trabajadoras tengan una mejor experiencia al usar calculadoras que se adapten perfectamente a sus entornos de trabajo a través de un óptimo de usabilidad y diseños vanguardistas. Mujeres, Casio las seguirá apoyando a ustedes para que día a día brillen aún más en sus trabajos.

CASIO

For working women

Lo contradictorio de este mensaje dirigido a las mujeres trabajadoras, era que Casio estaba presentando *¡Una calculadora de color rosa, para la mujer (trabajadora)!*

Como en el caso de Yamaha, esta calculadora rosa dirigida a "la mujer que trabaja" salió al mercado en momentos en que el contexto mundial encontraba a la mujer occidental organizada, participando de diversos movimientos y debatiendo intensamente temáticas de feminismo e igualdad. Las redes globales rápidamente viralizaron esta publicación y, en la misma "ciber-ubicación" desde donde Casio eligió postear su aviso, el público expresó su opinión en contrario, desde todos los rincones del mundo.

Gabriel Adrián
¡Al fin Casio entendió la horrible tortura patriarcal de trabajar con calculadora gris!. Ahora sí las mujeres podrán entender los números.
1 d   Me gusta   Responder   👍❤️😮 25

Javier cuenta que ninguno de los m...

Miriam
Gracias, mi cerebro se esforzaba demasiado, ahora todo tiene sentido, tenía que ser rosada para que me de la capacidad de usarla 🤨
1 d   Me gusta   Responder   👍❤️😮 28

Paula
Por qué chucha no lo hicieron hace unos años? Me iba pésimo en matemáticas porque las otras calculadoras no eran rosadas 😒
1 d   Me gusta   Responder   ❤️😮😮 28

Valeria
Maldicion!! Y yo aquí sin calculadora, sacando cuenta con las ollas, las escobas y los biberones!!! Gracias Casio ahora SI PODRE! JAJAJAJJAAJ
23 h   Me gusta   Responder   😮😮 26

Fer amo tu comentario 😂😂

María Fernanda
Finalmente las mujeres seremos capaces de utilizar calculadoras!!! Con razón hay tan pocas mujeres en el entorno laboral matemático/científico. #rompiendofronteras

Veronica
Ah, este malestar, esta sensación de no encajar, esa falta de compatibilidad de la vida con el trabajo... No es el patriarcado, es el color de la calculadora. Ahora sí que todo va a cambiar.
Gracias, Casio!
1 d   Me gusta   Responder   👍❤️😮 1.481
Ver 13 respuestas anteriores

Karina Casio, idea millonaria, una calc...

Franco
como persona bisexual he estado toda mi vida esperando mi calculadora medio rosada medio azul para por fin poder dejar de gastar tanto papel en cálculos! ayúdame Casio!!
1 d   Me gusta   Responder   👍❤️😮 635
Ver 9 respuestas anteriores

Rodrigo Mejor ve con el psicólogo.

Germán
No sabía que el rosado era solo para mujeres? Ahora qué hago con la camisa que me compre 😮
1 d   Me gusta   Responder   👍❤️😮 967
Ver 19 respuestas anteriores

Germán

Angélica
Hugo, necesito la calculadora rosada, no sé usar la normal 😮

Roger ▮▮▮
Casio, llamaron los 60's dicen que les devuelvas su publicidad estereotipada.
1 d   Me gusta   Responder   👍😆❤3.812
Ver 18 respuestas anteriores

> **Erick** ▮▮▮   Roger Díaz no han llamado l...

María Elena ▮▮▮
Nos viene muy bien para calcular cuánto nos pagan de menos frente a los hombres
1 d   Me gusta   Responder   👍😆❤3.294
Ver 63 respuestas anteriores

> **Axl David** ▮▮▮   obviamente es...

Indignada ▮▮
Hola, mi pololo no encontraba su calculadora y tuvo que usar la mía, tengo miedo que se vuelva gay 😟 que me recomiendan hacer? Igual la uso una vez nomás
1 d   Me gusta   Responder   😆👍❤3.126
Ver 26 respuestas más

> **Bruno Fernando** ▮▮▮   Quedará como hetero...

Paloma ▮▮
Gracias Cassio! Ahora porfi 🙏 inventen una con espejo incluido para poder maquillarnos mientras hacemos como que calculamos 💅 😆👍❤1.096
23 h   Me gusta   Responder
Ver 6 respuestas anteriores

Sin esperar siquiera un día, un departamento de Casio salió a tomar distancia de lo que la propia compañía había comunicado a nivel global, e hizo pública su opinión desde la red oficial de su división.

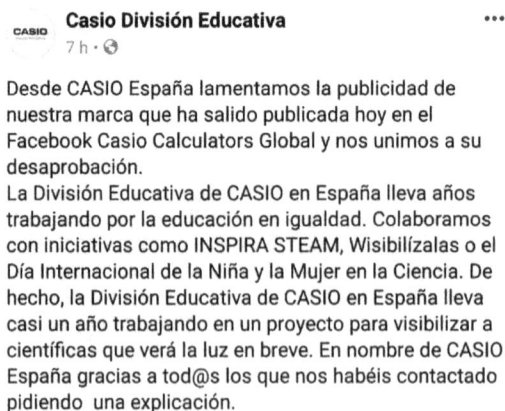

CASIO **Casio División Educativa**   •••
7 h · 🌐

Desde CASIO España lamentamos la publicidad de nuestra marca que ha salido publicada hoy en el Facebook Casio Calculators Global y nos unimos a su desaprobación.
La División Educativa de CASIO en España lleva años trabajando por la educación en igualdad. Colaboramos con iniciativas como INSPIRA STEAM, Wisibilízalas o el Día Internacional de la Niña y la Mujer en la Ciencia. De hecho, la División Educativa de CASIO en España lleva casi un año trabajando en un proyecto para visibilizar a científicas que verá la luz en breve. En nombre de CASIO España gracias a tod@s los que nos habéis contactado pidiendo una explicación.

¿Qué habría sucedido si, antes de lanzar su calculadora rosada como un objeto pensado para "la mujer que trabaja", Casio hubiera conocido el caso fallido de Yamaha Lady?

¿Cuál crees que habrá sido el motivo del fracaso? ¿La idea de fabricar una calculadora rosada? ¿La estrategia de asociar el color rosa con la mujer? ¿Representar a "la mujer que trabaja" con una figura elegante, en una reunión de oficina? ¿Publicar el aviso en una red social, receptora de la opinión directa de la gente? ¿El error habrá consistido en todo lo antedicho? ¿Habrá habido otras razones?

Es un buen momento para pensar qué rol hubieras ocupado en el equipo de Casio y, habiendo conocido el caso de Yamaha Lady, ¿qué cambios o modificaciones habrías sugerido en este proyecto?

El Zune de Microsoft

Zune, marca comercial de un sistema de medios digitales desarrollado por Microsoft, que incluía una línea de reproductores multimedia portátiles, salió a la venta con la intención de destronar al iPod, entonces líder absoluto del mundo de la reproducción musical. La fecha elegida para su lanzamiento fue el 14 de setiembre de 2006, cinco años después de que Apple irrumpiera en el mercado con su producto innovador.

¿Qué debería haber ofrecido el Zune, de Microsoft, para irrumpir en el mercado, entusiasmar a los usuarios del iPod y lograr que migraran a su tecnología?

El Zune se presentó con un diseño minimalista y su color marrón resultaba sin duda atípico para un producto tecnológico. Rápidamente, esa elección inspiró profusos comentarios escatológicos.

Desde su aparición, en 2001, el iPod lideró el mercado y ninguno de los muchos intentos de desbancarlo había podido con él. Incluso, pocos días después del lanzamiento del Zune, Apple, la compañía de Steve Jobs, salió a promocionar el primer iPhone. Pero además, esta empresa dominaba también la venta de música *online* y tenía un novedoso sistema nativo de sincronización entre la música adquirida y su integración al reproductor iPod, que constituyó el avance de lo que después se conocería como "Ecosistema Apple", por el que todos los dispositivos podían estar conectados entre sí.

Sin embargo, para sorpresa de muchos, el Zune no aportaba ninguna novedad.

No ofrecía ninguna ventaja respecto del iPod. Tampoco la posibilidad de comprar música *online*, ni mediante el sistema iTunes, que Apple sí estaba emplazando con éxito, ni tampoco proponía un sistema alternativo con la misma finalidad.

¿Qué sucedió entonces con el sistema Zune? Sucedió lo que ocurre con todo aquello que pretende ser una opción, sin aportar ningún beneficio. Es decir que no logra la aceptación del mercado. Fracasa.

Fue necesario que pasaran algunos años para que el Zune lograra acercarse a las ventajas técnicas que había ofrecido el iPod desde el primer día: alta capacidad de almacenamiento, rueda táctil, marca distintiva en los reproductores de Apple, y un *marketplace* para adquirir música desde el propio dispositivo.

Pero para entonces, el iPod seguía su carrera ascendente, habiendo sumando el iPhone, que ofrecía las mismas ventajas que el iPod. De manera que la competencia fue, desde el comienzo, una batalla desigual. O, mejor dicho, no hubo posibilidad real de confrontación. Microsoft había llegado a destiempo con un producto que no ofrecía ninguna novedad, a competir en un mercado que ya tenía productos bien establecidos y, por lo tanto, sin ninguna posibilidad de ganar un lugar.

El 15 de setiembre de 2009 se presentó el que sería el último modelo de Zune, Zune HD. Esta versión contaba con un cuidado diseño y la pantalla táctil como novedad. Sin embargo, este avance era una novedad solo para el Zune, porque ya en 2006 Apple había comenzado a distribuir esta tecnología desde su iPod Touch. (Y, por supuesto, el iPhone, que a esa altura ya desarrollaba su tercera generación con el iPhone 3GS.)

Siempre por detrás de lo que Apple proponía y a destiempo, Microsoft, atento a las bajas ventas, decidió no volver sobre ese modelo y tampoco sobre ese mercado. Dos años después, en 2011, anunció el cierre definitivo de la competencia del Zune.

A pesar de todo, como una pequeña fracción de usuarios aceptaba el producto de Microsoft, la compañía de Bill Gates los alentó a seguir cambiando de *hardware* y a seguir explorando los beneficios del Windows Phone, otro proyecto fallido del que también hablaremos.

Robbie Bach, un exejecutivo de Microsoft encargado del proyecto Zune, declaró al ser consultado por el multimedio estadounidense *The Verge*, especializado en tecnología: "Se cometieron muchos errores de comunicación y de marketing en la promoción del dispositivo, pero también desde el inicio, el mercado de los reproductores de audio digitales fue propiedad exclusiva de Apple".

Uno de los problemas más evidentes, según el exdirectivo, fue que cuando en 2006 Microsoft decidió lanzar su producto, el mercado de la música portátil ya no estaba al alcance de la compañía de Bill Gates. De modo que quedaban dos caminos, uno más conveniente y otro menos conveniente. El más conveniente hubiera sido abandonar antes de entrar a competir, ya que no había opción de ganar.

Pero el camino que Microsoft eligió fue el menos conveniente. Aparecer con un producto que no ofrecía ningún diferencial, intentar convencer a los consumidores para que lo eligieran y correr detrás de Apple.

¿Por qué Robbie Bach, el exejecutivo de Microsoft encargado del proyecto Zune, dice que el camino elegido fue el "menos conveniente", en lugar decir que fue una pésima elección? Justamente, por el aprendizaje y la apropiación de tecnología que esa experiencia significó para la compañía, y que resultaron fundamentales para los pasos posteriores.

¿Qué dejó de bueno para Microsoft el fracaso del Zune?

Si bien el Zune llegó tarde a la competencia con el iPod y no pudo encontrar su lugar como reproductor, lo que sí logró fue una identidad propia respecto de su estética gráfica. Más específicamente, los creativos de Microsoft lograron una gran originalidad en la tipografía elegida para su interfaz. Creada en 2007, *Zegoe* (basada en la familia tipográfica *Segoe*) agradó de tal manera que la propia compañía la elevó al usarla como imagen identificadora del Windows Phone, el *pack* de programas Office, y hasta el mismísimo Windows.

Los reproductores Zune no lograron dejar huella frente a un rival como el iPod, pero 10 años después de su desaparición, todavía queda la herencia de su interfaz visual.

El 31 de diciembre de 2008, todos los usuarios de los primeros modelos del Zune vivieron la misma experiencia. Sus reproductores se bloquearon, mostrando el logo de inicio del dispositivo.

¿Qué había sucedido? El *firmware* sufrió una falla, como consecuencia de que Microsoft no había previsto la ocurrencia de años bisiestos, y el 2008 fue uno de ellos. El código que regía la cuenta de los días experimentó la falla, lo que puso en crisis todo el sistema, que quedó pausado sin posibilidad alguna de interacción. Para Microsoft, se trataba de una pequeñez, pero para el usuario del Zune, las consecuencias fueron muy molestas. El error se bautizó como "Z2K9" (Z2009), en alusión al "Efecto 2000 (Y2K)", que pronosticaba todo tipo de complicaciones de *software* debidas a la llegada del nuevo milenio.

Microsoft aconsejó a sus usuarios dejar agotar la batería por completo, volver a cargar el dispositivo y reiniciar el sistema en el primer día del nuevo año.

Pero todo esto sucedía mientras el iPod de Apple gozaba de una excelente salud y mejor prensa. El futuro ya estaba escrito.

Home Depot, un fracaso en China

You can do it. We can help.

Home Depot es una de las compañías más grandes de los Estados Unidos, dedicada al mejoramiento del hogar, al bricolaje y a la venta de materiales para la construcción. Con el comienzo del nuevo siglo, surgieron nuevas oportunidades comerciales a nivel global y muchas empresas se arriesgaron a la aventura de expandirse hacia lugares que nunca habían explorado. Así, en 2006, Home Depot, siguiendo el *boom* inmobiliario que tenía lugar en China, decidió que era momento de abrirse camino hacia ese mercado. Sin embargo, en 2012, seis años después de su desembarco, la megacompañía norteamericana hizo sus valijas, le dijo adiós al Lejano Oriente y volvió a América.

¿Cuál fue la oportunidad detectada por la empresa norteamericana?

Home Depot apostaba a ofrecer al consumidor chino una experiencia de compra inédita. Presentar una oportunidad de paseo similar al que suele hacer el estadounidense un domingo por la mañana, buscando regalarse un objeto de utilidad para su hogar. Todo un hábito cultural occidental, que en Oriente hasta entonces nadie había propuesto. No obstante, no previeron que las diferencias culturales y de hábitos de consumo no serían fáciles de soslayar.

Mientras que Home Depot profesa con éxito en su país la idea de "Do It Yourself" (hazlo tú mismo), en China, todas las necesidades del hogar suelen resolverse contratando mano de obra local, por muy poco dinero. Desde el comienzo, con el hábito chino de consumo, la principal idea de la compañía quedaba desactivada.

La accesibilidad fue otro de los problemas que experimentó Home Depot. En los Estados Unidos resulta común que los grandes mercados estén geográficamente ubicados en la periferia, lejos del movimiento de las zonas más céntricas. Por eso, considerando que quienes los visiten tendrán que acercarse con sus vehículos, ofrecen al cliente grandes predios con un gran espacio para estacionar. Esta modalidad está justificada culturalmente en los Estados Unidos, puesto que allí resulta común que haya un automóvil por habitante mayor de 16 años.

En cambio, en China, en ese momento, la realidad era diferente. No todos los mayores de edad tenían movilidad, y las posibilidades de que todas las personas pudieran llegar a zonas alejadas del centro resultaban remotas.

Ocurrió que, siguiendo su lógica norteamericana, Home Depot se había instalado en las afueras de la ciudad y eso, estratégicamente, marcaba la primera falla, porque la compañía no solo exportó sus tiendas, sino que también exportó su modelo, sin adaptarlo a la cultura de los nuevos consumidores. De modo que seis años después de abrir su primer local en China, la compañía cerró sus siete locales y abandonó ese mercado. Como consecuencia, se perdieron 850 puestos de trabajo y 160 millones de dólares.

Home Depot no fue la única compañía norteamericana que tuvo que hacer las valijas porque encontró problemas para desarrollar su negocio en China. Best Buy, Walmart o Mattel, verdaderos gigantes a nivel mundial, no lograron hacer pie en ese mercado tan preciado. En muchos casos, después de fallar y haber aprendido del error, aún se están tratando de aplicar nuevas herramientas que permitan a las compañías afianzarse en un mercado tan complejo y diferente.

El Jacuzzi. Fallar y encontrar otra oportunidad

En 1943, Kenneth, hijo de Cándido Jacuzzi, enfermó de artritis reumatoidea. Su padre, un industrial con mucha creatividad, que junto a sus hermanos integraba la Jacuzzi Bros. Inc., habiendo comprobado el gran alivio que experimentaba su hijo después de cada sesión de hidroterapia, dio rienda suelta a su creatividad y creó su propia máquina, para que Kenneth pudiera usarla en casa y así calmar sus dolores sin tener que esperar el turno del hospital.

Después de muchas pruebas, durante los años 50, los hermanos Jacuzzi dieron con el diseño final. Primero desarrollaron la bomba generadora del chorro de agua (J-300) y después proyectaron su aplicación dentro de una bañera.

Con el invento ya utilizado por Kenneth, y habiendo comprobado que el dispositivo lograba los resultados esperados, decidieron lanzarlo a la venta. (Si a ellos les servía, seguramente les serviría a otros que estuvieran en las mismas condiciones.)

Entonces, eligieron el mercado de las personas que padecieran de artritis y que pudieran beneficiarse con un tratamiento en su domicilio para complementar las sesiones hospitalarias.

El producto era de altísima calidad y de funcionalidad óptima, y cumplía perfectamente con su cometido, pero, para sorpresa de la familia Jacuzzi, no se logró el objetivo de ventas esperado. ¿Cuál era el problema? Sin duda, su alto precio, teniendo en cuenta el mercado al que iba dirigido, además de ser este muy acotado. Debían concurrir condiciones especiales para encontrar a alguien que necesitara el tratamiento y que, por otra parte, estuviera dispuesto a invertir una abultada suma de dinero solo para complementar lo que le proveía, sin costo, un hospital.

¿Qué hicieron los hermanos Jacuzzi?

Los Jacuzzi pusieron la creatividad al servicio de su necesidad. Sabían que el producto era bueno, novedoso y útil,
pero requería un nuevo mercado. Y, para encontrar un
nuevo mercado, tenían que detectar otras propuestas de
valor de su producto.

Esa bañera con chorros de agua provocaba relajación
en el cuerpo. Entonces, el efecto que reducía los dolores
de Kenneth Jacuzzi, provocados por la artritis reumatoidea,
también ocurriría sobre cualquier persona que usara la bañera. Es decir, que no sería excluyente sufrir alguna dolen-
cia para beneficiarse de un masaje con agua.

De modo que los hermanos ya tenían una nueva propuesta: una bañera que ofreciera masajes relajantes. Y su
alto costo no sería un problema si el mercado al que apun-
taran fuera el de mayor poder adquisitivo. Y así, después de
haber fallado con su primer plan de negocios, transforma-
ron el objeto terapéutico en un objeto de deseo. Hoy, más
de 50 años después de su creación, el Jacuzzi sigue estando
en el imaginario popular, como un objeto de deseo, indica-
dor de estilo y aspiracional de elite.

Failure Memory Method®

Etapa 2
Planificación
De la estrategia al equipo

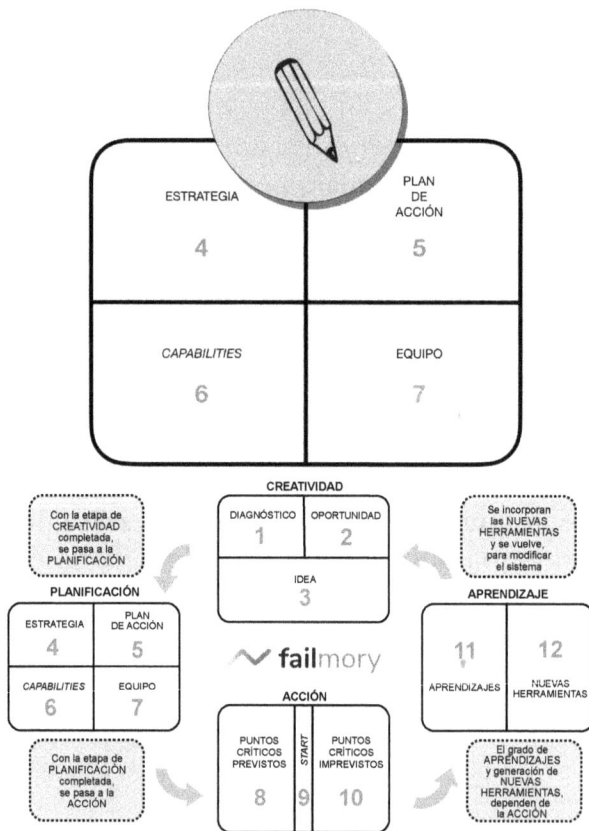

ESTRATEGIA
PLAN DE ACCIÓN
4
5

CAPABILITIES
EQUIPO
6
7

CREATIVIDAD

Con la etapa de CREATIVIDAD completada, se pasa a la PLANIFICACIÓN

DIAGNÓSTICO
1
OPORTUNIDAD
2

IDEA
3

Se incorporan las NUEVAS HERRAMIENTAS y se vuelve, para modificar el sistema

PLANIFICACIÓN

ESTRATEGIA
4
PLAN DE ACCIÓN
5

CAPABILITIES
6
EQUIPO
7

∿ fail mory

APRENDIZAJE

11
12

APRENDIZAJES
NUEVAS HERRAMIENTAS

ACCIÓN

Con la etapa de PLANIFICACIÓN completada, se pasa a la ACCIÓN

PUNTOS CRÍTICOS PREVISTOS
8
START
PUNTOS CRÍTICOS IMPREVISTOS
9
10

El grado de APRENDIZAJES y generación de NUEVAS HERRAMIENTAS, dependen de la ACCIÓN

Finalizado el momento de la *creatividad*, es tiempo de concentrarse en la *planificación*.

La pregunta clave es:

¿Cómo se hace?

Ya existe una idea definida y, en consecuencia, se deben desarrollar los mecanismos necesarios que aseguren que aquello que se ha pensado se corporice, para luego poder acceder al mercado. Para lograr que eso suceda, esta caja de *planificación* contempla 4 etapas:

1. Estrategia.
2. Plan de acción.
3. *Capabilities* (Capacidades y habilidades).
4. Equipo.

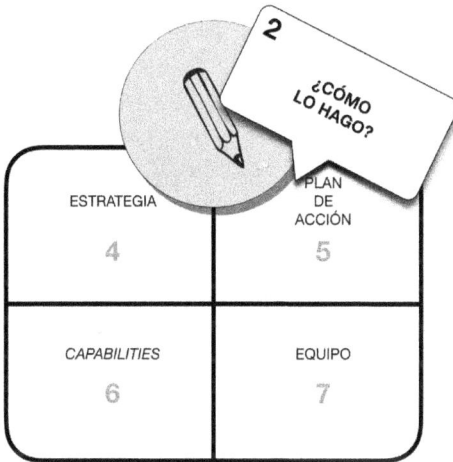

1. Estrategia

¿Qué se debe hacer?

Es fundamental definir qué herramientas van a posibilitar llevar la idea a la acción. Esta es una caja de definiciones, sobre la que, posteriormente, deberán tomarse decisiones. Habrá que realizar un análisis del mercado, precisar cuál será la propuesta de valor, analizar la competencia, si la hubiera, especificar el vínculo con el futuro cliente y las actividades clave para mantenerlo, seleccionar los canales de distribución y, por supuesto, establecer los recursos con los que habrá que contar: equipamiento, personas, materiales varios, aquellos intangibles a los que se deberá prestar atención y conocer cuáles serán los recursos financieros. En resumen, en la caja de la estrategia se está estableciendo el plan de negocios de todo el proyecto.

2. Plan de acción

¿Cómo se hará lo que hay que hacer?

Cuando ya se cuenta con la estrategia, lo siguiente es el plan de acción. O cómo hacer aquello que se resolvió hacer desde la estrategia. Todas las piezas funcionales al proyecto deberán tener un plan de trabajo que ayude a organizar las tareas y que estructure los engranajes. Nunca hay que perder de vista que todo proyecto es un sistema de relojería que tiene que estar bien aceitado para que funcione correctamente.

Es importante definir, en este caso, qué actividades serán necesarias para el desarrollo tanto parcial como total del proyecto. Este es el momento para tomar esas decisiones.

Teniendo claro el plan de acción, habrá que definir qué capacidades y qué habilidades serán necesarias para su cumplimiento.

3. *Capabilities* (capacidades y habilidades)

¿Qué capacidades y qué habilidades serán necesarias para hacer lo que hay que hacer?

Entender cuáles son las distintas *capabilities* que va a requerir un proyecto es la base para convocar a las personas más capaces, a la hora de conformar los equipos de trabajo. Definir estas competencias es fundamental para el buen funcionamiento del proyecto y del equipo. También es importante prever las capacidades y las habilidades concernientes a cada etapa del proyecto, lo que permitirá una mejor y más clara organización de los equipos y de sus planes de trabajo.

¿Será necesario alguien que sepa de informática?
¿De contabilidad? ¿Que posea habilidades interpersonales?
¿Que tenga formación en Derecho o conocimientos legales?

Para realizar proyectos con estructuras ágiles, es ideal diseñar equipos pequeños con especialistas en temas específicos, pero con la capacidad suficiente como para poder colaborar en otros ámbitos. Hoy, los equipos ágiles son multifuncionales, con habilidades en forma de "T". Esto significa que están integrados por personas que tienen conocimientos (habilidades) profundos en sus propias áreas (el trazo vertical de la "T"), pero que a la vez tienen habilidades no tan profundas en otras áreas relevantes de su equipo (el trazo horizontal de la "T"). De este modo, podríamos disponer de un equipo formado por un programador que pueda aportar una mirada desde el diseño, un diseñador que pueda cooperar en redacción, así como una persona del área administrativa que pueda opinar acerca de la utilidad de un prototipo. De manera creativa, entonces, se podrán entrelazar especialidades con diversas funcionalidades, para constituir un equipo heterogéneo y productivo.

DISEÑO DE UN EQUIPO ÁGIL

HABILIDADES EN T

Profunda especialización

Poder de colaboración

4. Equipo

¿Quiénes serán los elegidos para hacerlo?

Es en este último punto del momento de la *planificación*, cuando hay que conformar el equipo (o los equipos). Decidir quién hará qué cosa, y por qué. Definir nombres, apellidos y las descripciones de sus capacidades y habilidades. Estas descripciones tienen que guardar relación directa con el punto anterior (*capabilities*), ya que le corresponden directamente. ¿Qué profunda especialización tiene cada uno de los convocados? ¿En qué otras capacidades y habilidades se pueden destacar, con miras a poder acompañar a su equipo?

Si no queda claro este punto, se estará permitiendo todo tipo de posibilidad de fallas, errores y fracasos, tanto en relación con el funcionamiento del proyecto, como en relación con el del propio equipo.

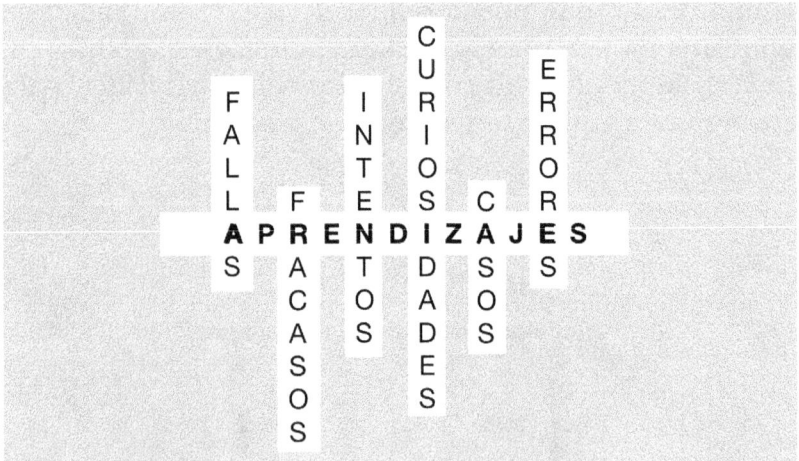

```
            C                 E
            U       E         R
F       I   R       R
A       N   I       R
L       T   O       O
L   F   E   S   C   R
A P R E N D I Z A J E S
S   A   T   D   S   S
    C   O   A   O
    A   S   D   S
    S       E
    O       S
    S
```

FedEx: jugar en equipo, cuando hay equipo

Todo comenzó cuando un cliente de FedEx, muy enojado con el trato recibido por la empresa, publicó un video en

YouTube. La filmación mostraba a un empleado de la compañía arrojando un envoltorio hacia el jardín de su casa.

Hasta ahí, la imagen no era muy diferente de la que puede protagonizar un repartidor de periódicos, pero el empleado no era un repartidor de periódicos, y lo que arrojaba tampoco era un impreso, sino que se trataba de una encomienda dirigida al ahora furioso cliente.

El envío consistía en un monitor de computadora, sin más embalaje que la propia caja del producto. En aquel video publicado en la red social, se podía observar al empleado de FedEx sacando el paquete en cuestión de la parte trasera de su camioneta. Luego lo arrojaba al jardín, sin siquiera anunciarse. El video muestra cómo una vez realizada "la entrega", el empleado sube a la camioneta y se va.

La traducción del texto que acompaña al video original de YouTube es la siguiente: "Aquí hay un video de mi monitor 'entregado'. La parte triste es que estaba en casa en ese momento con la puerta principal abierta [...]. Ahora tengo que devolver mi monitor, ya que está roto".

Tal como el cliente afirma, la pantalla se había hecho añicos y eso despertó su furia. Al día siguiente el video de YouTube fue compartido en Twitter y rápidamente se volvió viral. Como si hubiera sido poco, los portales de noticias también lo reprodujeron. En poco tiempo, lo habían visto 4 millones de personas y la reputación de la compañía comenzó a ser juzgada públicamente.[*]

¿Qué hizo FedEx frente a esta situación?

Quienes saben de "control de crisis" aseguran que la reacción de FedEx estuvo a la altura de una clase magistral. La compañía se apoderó del poder de su falla y la hizo jugar a su favor. Rápidamente, FedEx reconoció el error, asumió su

---

[*] El video original ya fue visto por casi 10 millones de personas y puede verse en: https://youtu.be/PKUDTPbDhnA

responsabilidad y la hizo pública. No había terminado el día en que se viralizó del video, cuando FedEx ya había expresado su preocupación por lo sucedido, demostrando que se estaba ocupando activamente del tema, al encarar una investigación internamente.

    ¿Cuál fue la estrategia empleada por la compañía para reaccionar ante esta falla en su equipo? FedEx decidió utilizar los mismos medios por los que se había viralizado el problema. Generó 4 tweets y los lanzó a la red.

Tweets originales

FedEx @FedEx   20 Dec
Such irresponsibility is contrary to the good reputation FedEx is known for worldwide. 4/4

FedEx @FedEx   20 Dec
We will not tolerate any irresponsible act that affects the quality of any item we deliver. 3/4

FedEx @FedEx   20 Dec
We take pride in the quality of service we provide to millions of customers daily. 2/4

FedEx @FedEx   20 Dec
We saw the video and quite frankly were shocked. This was careless treatment of a customer package by our courier and will be addressed. 1/4

FedEx @FedEx - **Tweet 1/4:**
"Vimos el video y nos sorprendimos bastante. El paquete del cliente fue descuidado por nuestro servicio de mensajería".

FedEx @FedEx - **Tweet 2/4:**
"Estamos orgullosos de la calidad del servicio que brindamos a millones de clientes diariamente".

FedEx @FedEx - **Tweet 3/4:**
"No toleraremos ningún acto de irresponsabilidad que afecte la calidad de los productos que entregamos".

FedEx @FedEx - **Tweet 4/4:**
"Dicha irresponsabilidad es contraria a la buena reputación por la que se conoce a FedEx en todo el mundo".

Al día siguiente de conocer los hechos y de haber publicado los tweets, FedEx realizó un comunicado en su propio blog y subió a YouTube un video donde uno de los directivos de la compañía pedía disculpas públicamente en nombre de la empresa.

Allí también se aclaraba que el directivo se había puesto en contacto con el cliente afectado y que habían encontrado el modo de solucionar los problemas ocasionados. Además, aclaraba que habían aprendido de ese error y que tomarían esa experiencia como ejemplo de "lo que nunca se debe hacer".

De esa manera, la compañía daba por terminado el tema, al menos frente a la opinión pública.

Un **equipo** no solo es parte de un proyecto. También es parte de una compañía y la representa. Tanto en la selección de las *capabilities* como en la de los integrantes de los equipos, esta representatividad debe ser un valor tenido en cuenta. Así como el empleado debe asumir esa representatividad, la compañía debe ser responsable y cuidar a los suyos, ya que, si esto no sucede, el empleado tampoco asumirá ese compromiso.

Para el cliente, el empleado **es** la empresa. Y, como en el caso de FedEx, el cliente juzga a la compañía en general por un acto particular.

Es responsabilidad de las compañías cuidar de las personas, porque las fallas del personal pueden, con muy poco, derribar en un minuto una imagen construida por varias generaciones.

El aprendizaje de FedEx fue rápido, y la acción consiguiente también, lo que resultó fundamental para no dejar que se amplificara la falla y neutralizar sus efectos secundarios. Fue eso lo que salvó a la compañía.

Nano, un auto para el pueblo, que el pueblo no aceptó

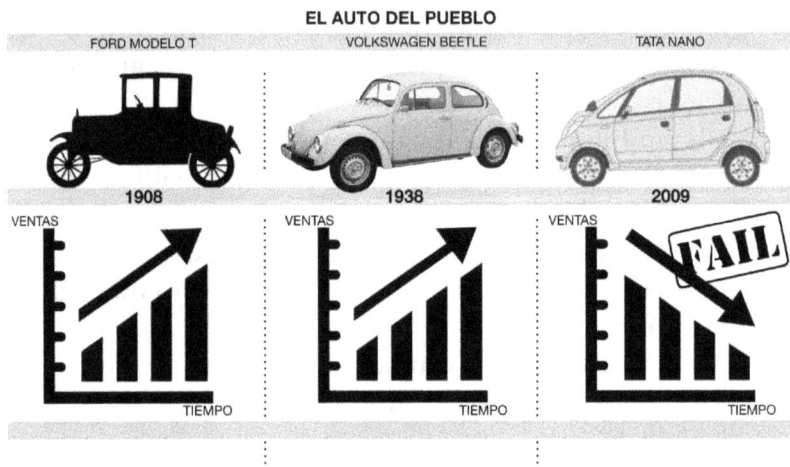

EL AUTO DEL PUEBLO

FORD MODELO T — VOLKSWAGEN BEETLE — TATA NANO

1908 — 1938 — 2009

VENTAS · VENTAS · VENTAS

FAIL

TIEMPO · TIEMPO · TIEMPO

En 2009, la compañía india Tata Motors anunciaba el lanzamiento del automóvil "más económico del mundo". El plan de la empresa consistía en que fuera tan accesible que todo ciudadano pudiera llegar a tener el suyo. Fue bautizado "Nano" y se aspiraba a que fuera "un auto para el pueblo".

No era la primera vez que una compañía se proponía esa meta. Dos experiencias anteriores habían tenido éxito con este propósito: en 1908, en Estados Unidos, Henry Ford creaba el Ford modelo "T", considerado el primer "auto del pueblo". Con el lanzamiento de ese vehículo, la compañía Ford también estrenaba una novedad para la industria automotriz, replicada luego en toda fabricación de nivel industrial: la línea de montaje y la producción en serie. El modelo "T" cumplió con la idea de Henry Ford. Era un automóvil económico, ya que su novedoso sistema de producción industrial en serie permitió mejorar los costos de producción y acortar los tiempos de montaje de cada vehículo. Las ventas históricas del Modelo "T" lo posicionaron como el más vendido en la historia de la compañía Ford, y también en el podio de los más exitosos en la historia del automovilismo.

Mucho tiempo después, en 1931, otra compañía llevó a cabo la experiencia de fabricar un "auto del pueblo". En esta ocasión, fue la alemana Volkswagen con el *Beetle (Type 1)*, conocido como *Escarabajo* en Sudamérica, como *Vocho*, en México, y como *Fusca* en Brasil. El primer prototipo de este automóvil, ideado por Ferdinand Porsche en 1930, de bajo costo y accesible para la clase trabajadora, se fabricó a comienzos de la Segunda Guerra Mundial en la Alemania nazi, bajo los auspicios de Hitler. En 1936 vio la luz el segundo prototipo, y en 1937 comenzó a producirse en gran escala. Con la invasión alemana a Polonia se canceló el proyecto y su fabricación quedó a merced de los mandos militares. Porsche volvió a Alemania en 1948, pero para entonces, Heinrich Nordhoff, un exdirectivo de la fábrica de camiones Opel, se encargó hacer del Escarabajo un vehículo más seguro y de estética mejorada. Ya mundialmente famoso, en 1953 comenzó a ser ensamblado en Brasil, y en 1963 llegó a participar de una expedición al Polo Sur. Décadas después, el querido Escarabajo se transformó en todo un ícono del movimiento *hippie*. Incluso, llegó a ser una estrella de cine. Protagonizó una serie de películas de Disney, bajo el nombre de Herbie (también conocido como Cupido). El *Beetle* llegó a estar entre los 5 automóviles más vendidos del planeta, con un total de 21 millones de unidades entregadas.

En la primera década del nuevo siglo, el Tata Nano pretendió ser el tercer "auto del pueblo" de la historia. Al anunciar el comienzo de la producción, la Compañía Tata afirmaba que el Nano sería el auto más barato del mundo y que su valor sería de alrededor de 2.500 dólares. El dato despertó el interés mundial por la compañía india y, a pocos días del anuncio, la página web oficial de la empresa recibió más de 30 millones de visitas.

El *OneIakn*, como se conoció al Nano en la India, anunciado en 2008, nació con serios problemas para armar la planta de montaje. Con la idea de fomentar el desarrollo industrial y de atraer inversiones internacionales, el gobierno de Bengala, al noroeste del país, había prometido cederle grandes terrenos a la compañía Tata, para lo cual decidió expropiar tierras a los campesinos, que se manifestaron enérgicamente en contra de la planta automotriz.

A causa de la envergadura y el nivel al que llegaron los conflictos sociales ocasionados por esa medida, la empresa Tata se vio obligada a abandonar el predio donde se iba a montar el proyecto, y mudó su propuesta a la región occidental de Gujarat.

Para entonces, ya se habían superado los tiempos de planificación estipulados y la compañía empezaba a atrasarse en las entregas de las unidades prometidas. Para colmo de males, a esta complicación se le sumó el alza del precio del acero, que aumentó un 40 % durante el año de su lanzamiento, suba que impactó directamente en el costo del automóvil. Para sostener la idea de que el Nano fuera "el auto del pueblo", la compañía decidió absorber ese incremento, al menos para el modelo más básico, de manera de ser fiel a la promesa de producir el auto más económico del mundo.

Si bien la expectativa había sido grande, el sueño fue perdiendo fuerza y, sobre todo, ventas. No solo el Nano no terminaba de hacer pie en la India, sino que las exportaciones caían en picada.

Ya en 2013, la 4ª empresa automotriz de la India, Tata Motors Ltd., también fabricante de automóviles de lujo como Jaguar o Land Rover, acusaba el fracaso. Pero, ¿por qué? ¿Cuál había sido la falla para que este ambicioso proyecto no pudiera realizarse?

Según estudios posteriores realizados por Tata, los miembros de la clase trabajadora, que con mucho esfuerzo logran comprar un automóvil, no quieren vehículos muy elementales que proyecten la imagen de económicos. Aparentemente, están dispuestos a esforzarse un poco más, para acceder a un automóvil con más prestaciones y mejor diseño.

Desde luego, estos resultados colisionaban con la propuesta original, la versión más austera del Nano que, a causa del afán de bajar costos, no ofrecía sistema de sonido, ni aire acondicionado, y tenía un solo limpiaparabrisas.

La automotriz Tata, que llevaba invertidos 400 millones de dólares en el desarrollo, y otros cientos de millones en la construcción de su planta de montaje, decidió dar un giro a su proyecto y cambiar el perfil del Nano. Así, de ser "un auto para el pueblo", pasó a ser "un automóvil para gente *cool*". Entonces sí alcanzaría prestigio. Además de proveerlo de un buen sistema de sonido, de ruedas con tazas, de acabados cromados y comercializarlo a un precio más alto de lo que hubiera costado "un auto para el pueblo", invertirían mucho dinero en marketing. Creyeron los fabricantes que con eso sería suficiente. Lamentablemente, en medio de todo este proceso de cambio, la compañía tuvo que reducir personal, disminuir su producción y restringir significativamente sus recursos económicos. Según publicaciones de la gigante consultora financiera Bloomberg, en 2017, se habían vendido en la India 275 autos Nano, entre los 5,6 millones de automóviles comercializados. En 2018, la compañía anunció el fin de su fabricación.

Entre algunos de los puntos críticos que el proyecto Nano no tuvo en cuenta, sobre todo porque no lo pudo prever, se cuenta el aumento del 40 % de precio del acero. Pero, sin duda, también los problemas sociales, consecuencia de la expropiación de tierras para la construcción de su planta en Bengala. Esta situación potenció un efecto dominó negativo, conformado por el atraso en la construcción de la planta, la demora en las entregas de unidades ya vendidas, además de contar con la opinión pública y los medios de prensa en contra.

La experiencia india deja a las claras que *calidad, precio* y *valor aspiracional* constituyen un sistema triangular que debe encontrar un equilibrio.

Nokia, la caída de un gigante

La historia de esta compañía está colmada de decisiones acertadas y proyectos exitosos, pero también de importantes errores, fallas y fracasos que la llevaron a desaparecer, después de haber estado en el pináculo del mercado mundial.

De origen finlandés, Nokia nació en 1864 en la ciudad homónima, situada a orillas del río Nokiavirta. Como muchas grandes compañías, a lo largo de su historia se vio obligada a hacer, a deshacer y a rehacer sus planes de negocios, y a cambiar sus objetivos, para poder sobreponerse a distintos momentos críticos de la política económica mundial y sobrevivir. Esa capacidad de resiliencia la mantuvo vigente durante más de 100 años.

En sus comienzos, a mediados del siglo XIX, Nokia estuvo enfocada en la producción de pulpa de celulosa para la industria papelera, una producción de tan excelente calidad que llegó a ser premiada con la medalla de bronce en la Feria Mundial de París. El crecimiento de la compañía en ese rubro llamó la atención de Finnish Rubber Works (FRW), una empresa líder del mercado de la goma y el caucho, que, a comienzos de 1900, decidió mudarse cerca de Nokia. Así, FRW logró posicionarse como uno de sus principales clientes de energía. Con el tiempo, Finnish Rubber Works comenzó a comprar acciones de Nokia, hasta quedarse con el total de la compañía, en 1922. En 1967, se crea oficialmente Nokia Group, dedicada a la producción de papel, cables y caucho.

Terminada la Segunda Guerra Mundial, Finlandia debió honrar responsabilidades económicas y efectuar erogaciones de reparación a la Unión Soviética. En este contexto, Nokia ocupó el rol de proveedor de cables para esas reparaciones, disponiendo del 25 % de su producción para ese fin, con lo que se constituyó en el proveedor más importante del gobierno soviético en ese rubro.

Tiempo después, la compañía proyectó un cambio de estrategia al enfocarse en el área de las comunicaciones, y, para 1987, su principal fuente de ingresos estaba dada por el rubro de la electrónica. En ese sector, Nokia desarrolló computadoras, monitores, televisores, módems. Sin embargo, su mayor crecimiento estaría basado en el área de la telefonía móvil, hasta hacerse exponencial en los años 90, a partir de sus desarrollos con el sistema GSM (Global System for Mobile Communications), el primero con esta tecnología producido en masa.

El GSM desbancó al sistema que hasta el momento dominaba el mercado, el CDMA (acceso múltiple por división de código), al ofrecer una tecnología más económica y flexible. Nokia se ubicó entonces al tope del mercado, con el Nokia 1011, considerado por muchos como "el padre de los teléfonos celulares".

El Nokia 1011 se denominó así porque fue lanzado al mercado en 1992, el día 10 del mes 11, y se produjo ininterrumpidamente hasta 1998, cuando fue reemplazado por el Nokia 2100.

En el año 2000, el recién lanzado modelo 3310 de Nokia vendió 100 millones de unidades y todo hacía pensar que nada podía derribar al gigante que se potenciaba cada vez más. Hasta entonces, tres eran las compañías que se disputaban el reinado en el mundo de la telefonía móvil: Nokia, en Europa; Samsung, en Asia; Motorola, en Estados Unidos. Pero el año 2007 representaría una bisagra… O el comienzo del fin. No solo para Nokia, sino también para muchas compañías que no advirtieron lo que se avecinaba. En 2007, mientras Nokia controlaba el 50 % del mercado de la telefonía móvil, salió a la venta el primer iPhone, irrumpiendo con verdaderas innovaciones: telefonía inteligente, o *smartphone*, pantallas táctiles y diseño de software intuitivo, para que nadie quedara fuera de esta nueva generación de inventos. En términos generales, las compañías que hasta ese momento estaban controlando el rubro tardaron en reaccionar. Samsung fue la primera en adaptarse a la innovación planteada por Apple con el iPhone y, rápido de reflejos, tejió una alianza estratégica con Google, que le proveería el sistema operativo Android. Paralelamente, Samsung comenzó el desarrollo de sus propias pantallas táctiles.

Nokia, ya en caída libre, en un contexto revolucionado por una tecnología que la compañía no dominaba, tomó la decisión de volver a liderar el mercado de los teléfonos móviles. Es así que la empresa reemplazó a su CEO por Stephen Elop, un exejecutivo muy experimentado, que, además de dirigir muchas compañías tecnológicas exitosas, arribaba después de haber sido la cabeza directiva del proyecto Office de Microsoft.

Un año después de asumir la dirección de Nokia, que había perdido un 30 % del mercado, Elop propuso una jugada clave para posicionar nuevamente a la finlandesa en el mapa de la innovación: una alianza Nokia - Microsoft, y salir al mercado a competir.

Mientras iPhone ofrecía el sistema operativo iOS de Apple, y Samsung tenía el Android de Google, Nokia buscaba un sistema original y novedoso, un sistema operativo distinto, el que luego sería el Windows Phone. Por su parte, Microsoft quería instalarse en el mercado de los *smartphone*, y Nokia llegaba justo a tiempo para hacerlo en conjunto. Pero a pesar de que se intentó, nada parecía desestabilizar a los dos gigantes iPhone y Samsung. Mientras el iPhone ganaba cada día más terreno, el sistema operativo Android enamoraba a más compañías. En ese contexto, el Windows Phone quedaba muy lejos de llamar la atención pretendida.

Con la baja en las ventas, comenzaron a notarse cada vez más diferencias comerciales entre las socias Nokia y Microsoft. La compañía finlandesa no buscaba vencer a Apple ni a Google en la guerra de los *smartphone*, sino competir en los mercados en desarrollo. Para lograrlo, proponía bajar el precio de sus productos, aunque eso significara reducir la tecnología y bajar la potencia del Windows Phone, propuesta que no fue bienvenida por Microsoft. Fue entonces cuando la compañía de Bill Gates decidió terminar con las diferencias con su aliada haciendo una oferta importante para comprar la división de móviles. Finalmente, Nokia aceptó y, de esta manera, Microsoft se quedó con la totalidad del negocio.

Tres años después, buscando renovar la alicaída imagen de Nokia en el mercado, Microsoft renombró sus modelos bautizándolos Lumia. Con los Lumia tampoco se lograron resultados positivos, ni para sus productos móviles ni tampoco para el sistema operativo que la marca ofrecía. De modo que habiéndolo intentado, sin éxito, Microsoft puso a la venta esa unidad de negocios que alguna vez había pertenecido a Nokia. En 2016 fue adquirida por la finlandesa HMD Global, con el objetivo de volver a insertarlos en el mercado.

La explicación que Nokia dio sobre su fracaso

En una conferencia de la escuela de negocios francesa IN-SEAD, el exdirector general de Nokia, Olli-Pekka Kallasvuo, hizo referencia a muchas fallas internas como explicación del fracaso de la compañía en su intento por lograr un lugar en el mercado de los *smartphone*.

Según su propio análisis, el problema no estuvo en el mercado cambiante ni en la estrategia elegida, puesto que el ex CEO consideraba que la centenaria compañía contaba con mucha experiencia en ese sentido y ya contemplaba en su plan de trabajo los lineamientos para innovar con nuevos teléfonos, provistos de originales diseños. Pero su talón de Aquiles, lo que condujo inexorablemente al fracaso, radicó en problemas que tenían lugar dentro de la compañía. No había ninguna mirada atenta al clima emocional de los propios empleados.

Según un estudio de la Johnson Cornell University, titulado "Cómo Nokia perdió la batalla de los *smartphones*" y que se encuentra publicado en internet, las razones que la consultora colectó después de entrevistar a 76 ejecutivos e ingenieros de Nokia tuvieron lugar tanto afuera de la compañía como en su interior.

El estudio indica que los ejecutivos de alto rango no entendían claramente cuál era la amenaza a la que estaba sometida Nokia. Ninguno de ellos tenía conocimientos técnicos ni tecnológicos para poder analizar si el camino que habían elegido para competir sería bueno para la compañía, o no la beneficiaría. Por otro lado, la comunicación entre los mandos altos y los mandos medios era pésima. La presión ejercida desde arriba hacia abajo era excesiva, lo que conspiraba contra la claridad en los mandos medios e imposibilitaba consensuar, así como adoptar estrategias de mediano y de largo plazo.

Los mandos temían que las malas noticias comprometieran sus puestos de trabajo, de modo que simplemente no compartían las noticias desfavorables y ocultaban los problemas.

La competencia interna y la falta de cultura colaborativa entre los diversos departamentos fue lo que provocó la gran debacle de Nokia. Cada área estaba preocupada por conseguir un mejor presupuesto, que le permitiera mayor visibilidad y mayor proyección. Cada departamento se movía independientemente, sin apoyarse entre sí ni interesarse por desarrollar una cultura colaborativa. Era tal el nivel de competencia, tanto afuera, en el mercado, como dentro de la compañía, que los equipos directivos y los mandos medios solo difundían las buenas noticias y nunca comunicaban los resultados negativos. Estaban demasiado concentrados en lograr resultados positivos a corto plazo, sin prestar atención a elaborar planes que, tanto en el mediano como en el largo plazo, fueran posibles de cumplir.

Nokia renace como el Ave Fénix

En 2017, Nokia, resurgida de sus cenizas, volvió de la mano de HMD con nuevos modelos de teléfonos celulares. En esta oportunidad, aliada a Google y bajo el sistema operativo Android.

La condición que exigió Nokia para incorporar el sistema de Google, fue contar con un Android puro, sin añadidos ni personalizaciones, cosa que ya se había hecho costumbre en cada una de las marcas del sello Android.

Nokia pretendía diferenciarse de los teléfonos del mercado ofreciendo productos modernos, elegantes y sencillos, prácticos, duraderos y resistentes. Teléfonos que pudieran ser entendidos y adoptados por todos, tanto por adultos mayores como por niños, considerándolos un mercado apto para desarrollarse.

En el primer año de su relanzamiento, a fines de 2017, Nokia llevaba más de 10 millones de teléfonos celulares vendidos. Actualmente, ya constituye el ecosistema del mercado de la telefonía móvil de última generación.

En 2019, la compañía presentó, además de teléfonos para mercados que requieren aparatos de bajo costo, el Nokia 9 PureView, un modelo premium con 5 cámaras traseras y una delantera, pensado para lograr el primer puesto en el nuevo nicho de los fotógrafos profesionales. De esta manera, en marcha constante, los celulares Nokia vuelven al ruedo.

Desde la óptica de Nokia, ya se ha analizado a qué obedecieron tanto el éxito como el fracaso de la alianza entre Nokia y Microsoft. Pero es interesante conocer cómo se percibió y cómo se vivenció este mismo caso desde el punto de vista de Microsoft.

El fracaso del Windows Phone

Microsoft es una compañía con iniciativa, tanto en lo que hace a la investigación, como en cuanto al desarrollo y a la innovación. En ese camino que ha transitado, coleccionó innumerable cantidad de éxitos y también fracasos. Y de los fracasos, siempre ha sabido capitalizar aprendizajes, que luego ha aplicado nuevamente en el ruedo. Por ejemplo, su versión de Windows Me. Este sistema operativo llegó después del Windows 98 y generó muchos problemas de compatibilidad en los usuarios. De modo que rápidamente fue sustituido por una nueva versión, el Windows XP, que se instaló con mucho éxito y dominó el mercado durante muchos años. Y si bien esa circunstancia hizo que la gente olvidara el "Me", desde luego no ocurrió lo mismo con Microsoft.

Entre los muchos intentos, pruebas, ensayos, experiencias, fallas, errores y fracasos, se encuentra el Windows Phone. Puesto que su versión más primitiva, el Windows Mobile, no había logrado los resultados esperados, se consideró que esta circunstancia constituía una nueva oportunidad. Se contaba con la experiencia, se sabía qué no había funcionado. Estaban las condiciones dadas para volver a probar.

Para entonces, el Windows 8 era la estrella de la compañía y los expertos habían desarrollado un sistema operativo idéntico al de escritorio para las versiones móviles, con el que compatibilizaban perfectamente. Cuando la versión de computadora evolucionó al Windows 10, el Windows Phone también lo hizo. Buscó instalarse en el mercado como una alternativa del iPhone y de los terminales con el sistema operativo de Google, el Android. Sin embargo, una vez más, como ocurrió con el Zune frente al iPod, el Windows Phone llegó al mercado con mucho retraso. Apareció en 2010, tres años después del advenimiento del primer iPhone. Para ese entonces, Android ya se encontraba también muy instalado en un mercado colapsado por una enorme cantidad de compañías de telefonía celular. Y cuando Windows Phone empezaba a darse a conocer, la mayor parte de los potenciales usuarios estaba ya muy familiarizada con su propio sistema operativo.

Hacia fines de 2016, los usuarios del Windows Phone no significaban ni el 0,4 % del mercado, de modo que los programadores no se interesaban por desarrollar aplicaciones para ese sistema. Era la típica situación del huevo o la gallina: la gente no quería el Windows Phone porque tenía pocas opciones de aplicaciones, y las compañías desarrolladoras no estaban interesadas en programar para esa plataforma, justamente porque tenían pocos usuarios, en comparación con el Android y el iOS.

Los usuarios de la plataforma asistían al lanzamiento de aplicaciones que no encontraban en Windows Store, o encontraban versiones anteriores, menos atractivas y con menores recursos. Desde luego, esa fue una de las razones para que más personas abandonaran ese sistema.

En su página de asistencia al cliente, Microsoft publicó que el 10 de diciembre de 2019 ya no enviaría más actualizaciones de seguridad, ni asistencia a aquellos que aún tuvieran instalado en sus teléfonos móviles su sistema operativo. También recomendaba que los clientes cambiaran sus dispositivos por Android o iOS.

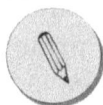

Entre las explicaciones que sus propios actores trataron de dar, con la intención de entender dónde había fallado su sistema operativo, Steve Ballmer, ex CEO de Microsoft, expresó lo siguiente: "Pensar en la PC como centro de las cosas, fue quizás uno de los errores más grandes que hemos cometido". Se refería, precisamente, a la intención de Microsoft de pensar todo su ecosistema a partir del sistema operativo Windows. Ballmer hizo estas declaraciones durante una conferencia de tecnología organizada por The Wall Street Journal, en California. "Perdimos claramente la oportunidad en el móvil, no cabe duda" –agregó.

Algunos sostienen que el sistema, aunque parecía intuitivo, no llegaba a serlo. Y lo distanciaba de sus competidoras, que ofrecían la sencillez de sus sistemas operativos, en comparación con los cuales el de Microsoft resultaba muy complejo.

Brandon Watson, Director Principal de Windows Phone entre 2010 y 2012, atribuyó el fracaso de la compañía respecto de ese proyecto al poco apoyo aportado por los fabricantes de *smartphones*, así como de los operadores. En su opinión, la oferta del Windows Store no fue causa del problema, ya que se podían conseguir hasta 700.000 opciones diferentes, entre juegos y otras aplicaciones. En cambio –explicó– se sintió la falta de apoyo de operadores y fabricantes; solo les ofrecían terminales de segunda división, los dejaron afuera, frente a los terminales más populares de los dos gigantes, iOS y Android.

Por último, la BBC consultó sobre el punto a Francisco Jerónimo, director de investigación de dispositivos móviles en Europa, que opinó lo siguiente: "Definitivamente, desde la perspectiva del consumidor, el sistema operativo de Windows no proporcionaba una experiencia tan buena como Android o iOS".

Evidentemente, son muchos y diferentes los puntos de vista que existen acerca de qué fue lo que falló y por qué fracasó el Windows Phone.

Failure Memory Method®

Etapa 3
Acción
De la crisis prevista a la imprevista

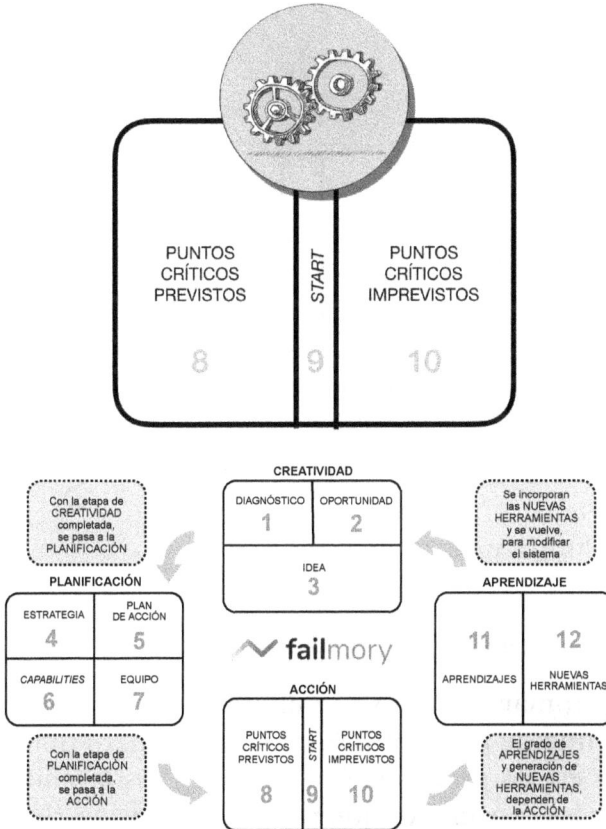

Cuando se considera cerrada la etapa de *planificación*, es el momento de pasar a la verdadera *acción*. Llega la etapa de enfrentarse con el mundo exterior, con el mercado, con el consumidor. Además de analizar cuáles pueden ser las situaciones que pudieran poner en riesgo el proyecto y los puntos críticos previsibles, y de elaborar una rápida solución para cada uno de ellos, es en este momento que se puede observar el funcionamiento del proyecto. Es durante la *acción*, el momento de preguntarse: ¿cómo está funcionando?

El momento de la *acción* está compuesto por tres etapas:

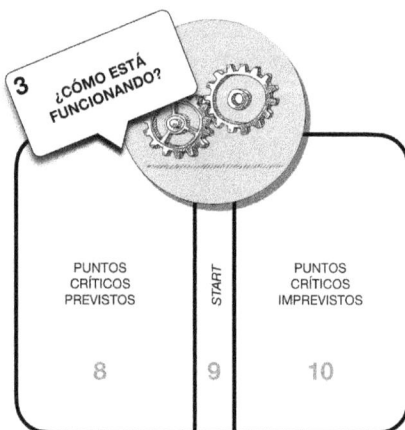

1. Puntos críticos previstos.
2. *Start.*
3. Puntos críticos imprevistos.

8. Puntos críticos previstos

Antes de tomar contacto con el mercado, es preciso analizar cada uno de los puntos ya elaborados, pero poniendo la atención en los puntos más débiles. En los momentos, los lugares y las situaciones que podrían poner en riesgo toda la operación.

Es en esta etapa cuando será necesario armar un plan de anticipación de crisis; es decir, anticipar cuáles pueden ser los puntos críticos.

El poder de anticipación permite obtener ventajas

9. *Start*

Haber llegado a esta etapa significa que se está en condiciones de dar el puntapié inicial, de salir al mercado y llegar al cliente o consumidor. En esta instancia pueden ocurrir dos situaciones:

a) Que el proyecto funcione según lo planeado.
b) Que el proyecto no se comporte según lo que ha sido planificado.

Si un proyecto se comporta según el plan trazado, solo se necesita un seguimiento responsable, que permita analizar constantemente los resultados obtenidos, y asegurar que se está cumpliendo lo previsto. Cualquier sistema en equilibrio puede entrar en crisis por variables ajenas al sistema, teniendo en cuenta que el contexto tiene sus propias reglas. De manera que, si esto sucediera y surgiera un imprevisto, según el *Failure Memory Method*®, se activa la caja 10 –Puntos críticos imprevistos– y se prosigue con el protocolo propuesto por la metodología.

La crisis producida por un imprevisto debe ser analizada desde lo que propone el punto 10 –Puntos críticos imprevistos.

10. Puntos críticos imprevistos

El *Failmory*® es una metodología de control de procesos que contempla la posible aparición de imprevistos que puedan jaquear al proyecto en marcha. Ante esta contingencia, la metodología propuesta tiene un protocolo de trabajo que permite detectar la falla, analizarla, trabajar sobre ella y, además, solucionarla. Por otra parte, permite registrar todo el proceso, a la vez que destaca los puntos clave que serán la base del aprendizaje y del desarrollo de nuevas herramientas que integrarán el proceso en marcha.

En 2013, en el marco de Google Solve for X, Sergey Brin, uno de los creadores de Google, compartió una experiencia fallida que sorprendió a más de un asistente. Es la que referimos a continuación, y se produjo por un detalle no menor, que no había sido tenido en cuenta. Durante 1994, como universitario en Stanford, Sergey Brin concibió la idea de desarrollar una página web con un directorio de pizzerías, sus menús, y sus teléfonos/fax para poder hacer un pedido y que este fuera enviado automáticamente al lugar elegido. Como todavía internet no era popular, pero las máquinas de fax estaban presentes en todos los comercios, se había decidido que esa sería la vía más cómoda para realizar un encargo.

Entonces, con su programa terminado, Brin hizo el primer pedido y se decidió a esperar.

Pasaron varias horas y la pizza no llegaba. Entonces llamó a la pizzería para saber qué sucedía. Extrañado, el empleado le solicitó esperar un segundo. Fue hasta la máquina de fax y constató que, efectivamente, el fax de Brin donde pedía la comida estaba allí, pero en el local ni siquiera se habían enterado.

Ese llamado fue decisivo para que Sergey Brin constatara que su novedosa idea no iba a funcionar. Aparte de que no todas las pizzerías tenían aparato de fax, las que sí lo tenían, no las incorporaban como una herramienta para recibir pedidos.

```
            C
            U       E
F       I   R       R
A     N I   R       R
L     T O   R       O
L F   E S   C       R
A P R E N D I Z A J E S
S A   T D   S   S
  C   O A   O
  A   S D   S
  S     E
  O     S
  S
```

Gibson, con la música a otra parte

La compañía más importante de fabricación de guitarras, icónica a nivel mundial, enfrentó un problema crítico imprevisto y no logró tomar buenas decisiones que le permitieran salir adelante. A fines de 2018, ante la sorpresa de miles de ardientes seguidores, presentó su pedido de quiebra.

Fundada por Orville Gibson en 1894, la compañía llegó a dominar el mundo de las guitarras gracias a la calidad artesanal de sus modelos, y a la belleza y cuidado de sus diseños. En la década de 1920, sus productos fueron sello de innovación y rápidamente logró un lugar de liderazgo en el mercado. Incluso, su modelo Gibson ES-150 la convirtió en la compañía creadora de la primera guitarra eléctrica, también conocida como la "Electric Spanish" o guitarra española electroacústica. Uno de los modelos más famosos, el que mayor reputación les otorgó y el que más rentable les sería, fue la Gibson Les Paul, lanzada en la década del 50 y elegida por los más eximios guitarristas.

Las Gibson no solo son conocidas por su acabado diseño y su armónico sonido, sino también por ser las más costosas del mercado. Pero esta última característica obedece a que la madera es especialmente elegida para desarrollar sus productos y a que el proceso es manual, para lograr guitarras artesanales. Así, durante más de 100 años, la compañía ha encontrado un mercado enamorado de sus productos, dispuesto a pagar el precio que la marca fijara, para tener su Gibson.

¿Qué problema provocó una crisis imprevista
en la compañía?

A comienzos de 1990, la madera que Gibson usaba para fabricar sus guitarras era cada vez más escasa. Y, por consiguiente, el precio era cada vez más elevado. Simultáneamente, empezaban a surgir las leyes de protección de los bosques. De modo que cada vez era más complejo conseguir recursos de calidad con buenos precios.

En 1992 se prohibió la explotación del palisandro brasileño, principal insumo de la fabricación de las guitarras profesionales; entre ellas, las Gibson. A tal punto fue estricta la medida, que consideraba traficante a quien extrajera esa madera de su lugar de origen. La legislación provocó que músicos de todo el mundo decidieran no viajar con sus modelos Gibson de palisandro, por temor de que sus guitarras fueran confiscadas y que se los acusara de cometer ilícitos.

En el análisis de su plan, Gibson, que durante 100 años había creado infinidad de modelos de guitarras de palisandro, jamás había previsto la posibilidad de una ley que protegiera esos árboles contra la tala, simplemente porque nunca se había considerado la posibilidad de que la madera dejara de existir. Pero, sin embargo, era lo que estaba sucediendo.

Por otra parte, hacia fines del siglo XX, el cuidado medioambiental empezaba a ser competencia de los estados. Las leyes proteccionistas comenzaban a profundizar la concientización social y diferentes organizaciones empezaban a fiscalizar el respeto, el cuidado y el cumplimiento de la legislación para la protección del medio ambiente.

Gibson, que, por primera vez en un siglo enfrentaba un problema semejante, debía encontrar otra madera, o bien otro producto, con la calidad suficiente para mantener la excelencia que los había colocado en el pináculo del mercado.

En 2011, Henry Juszkiewicz, por entonces CEO de Gibson, declaró al periódico británico *The Independent*, que solo quedaban 10 años de madera de calidad para producir buenas guitarras. En 2012, la compañía Gibson fue condenada a pagar una multa de 350.000 dólares, por usar para sus guitarras maderas de la India y de Madagascar que estaban protegidas por leyes medioambientales. Una parte importante del monto de esa multa fue destinada a la National Fish and Wildlife Foundation, organización cuya misión consiste en la protección de los bosques y la conservación de las especies arbóreas usadas para la elaboración industrial de instrumentos musicales.

Aunque Gibson nunca bajó sus precios, sí disminuyó su calidad original. Sus instrumentos nunca volvieron a tener el mismo sonido que había llevado a la compañía a la cima, por lo que se pagó un alto costo. Esa mengua en la calidad no pasó inadvertida para sus competidoras que, con mejores precios y productos similares, comenzaron a fortalecerse en el mercado. Otras guitarras llegaron a tener un valor de hasta un 75 % menos que las Gibson, ofreciendo calidad similar e, incluso, mejorada.

Entonces, una de las estrategias ideadas por Gibson, para seguir liderando el mercado de calidad, consistió en adquirir otra marca que funcionara como segunda línea y, con ella, salir al mercado con precios más bajos, sin dañar su imagen. De manera que compró Epiphone, que había sido su competencia, y con la que ahora esperaba recuperar parte del mercado que había perdido.

De este modo, fue posible competir, sin afectar la *percepción de calidad* de Gibson. Pero, si bien uno de los problemas empezaba a resolverse, todavía seguía existiendo la complicación representada por la calidad de sus guitarras y la madera que se usaba para fabricarlas. El palisandro se iba consumiendo, mientras que las alternativas no alcanzaban su calidad.

Así, para seguir atendiendo las exigencias de su selecto mercado, Gibson decidió ofrecer a su clientela toda una novedad: guitarras por encargo con diseño personalizado, que incluía también el color, el tipo de pintura y el acabado final. La estrategia fue bien recibida, pero no estaba al alcance de todos, ya que cada guitarra original terminada llegaba a costar entre 7.000 y 10.000 dólares. Ni nuevos modelos ni los modelos personalizados lograron en el mercado los resultados esperados, de modo que los problemas de Gibson por mantenerse en el mercado crecían y se profundizaban.

Entre las críticas que se pueden hacer a la empresa, se puede incluir el hecho de no haber estado atenta a las necesidades del cliente, mientras que, al mismo tiempo, se alejaba cada vez más de aquellos productos que la habían fortalecido tiempo atrás.

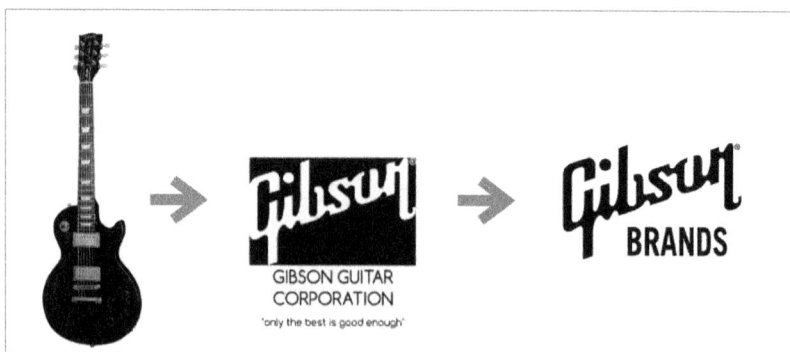

En realidad, Gibson, que ni siquiera lograba solucionar sus problemas, además sumaba otros, y su capacidad para seguir siendo rentable se complicaba día a día. Finalmente, en 2013, la compañía intentó una última jugada y cambió su nombre buscando ampliar su radio de acción. Con la intención de penetrar en el amplio mercado del audio, Gibson Guitar Corporation se convirtió en Gibson Brands.

Gibson Brands no solo vendería guitarras, sino también todo lo referente al universo del sonido, habiendo adquirido para este proceso, entre otras marcas, Stanton y la división multimedia de Philips. Esta nueva avanzada también incluía la creación de productos de marca propia, pero el mercado no le concedió la respuesta esperada.

Los problemas económicos originados en la inversión para su avanzada en el universo del sonido no cesaron, y la compañía se ahogaba económica y financieramente.

Gibson Brands fue declarada en quiebra en mayo de 2018, por una deuda superior a los 500 millones de dólares.

La compañía está ahora en manos de sus acreedores, entre los que se cuentan Silver Point Capital, Melody Capital Partners y fondos relacionados con KKR Credit Advisors, que confirmaron que mantendrán el negocio, pero nuevamente enfocado en la producción de guitarras.

La influyente agencia de calificación de riesgos Moody's destaca que, además de la desaceleración económica mundial y las malas decisiones tomadas, a la situación crítica de Gibson Brands se le sumó un tema de coyuntura: los nuevos géneros que coparon a la industria musical. El *rap* y sus derivados, así como la música electrónica, hicieron que las ventas de guitarras bajaran durante los últimos 10 años.

Desde luego, algunas de las causas que llevaron a Gibson a la bancarrota fueron críticas e imprevistas. Entonces, no se trata de prever lo imprevisible, sino de contar con herramientas que permitan elaborar y desarrollar soluciones, para lo cual es necesario considerar las fallas y los fracasos como una herramienta más.

Failure Memory Method®

Etapa 4
Aprendizaje
Del aprendizaje a las nuevas herramientas

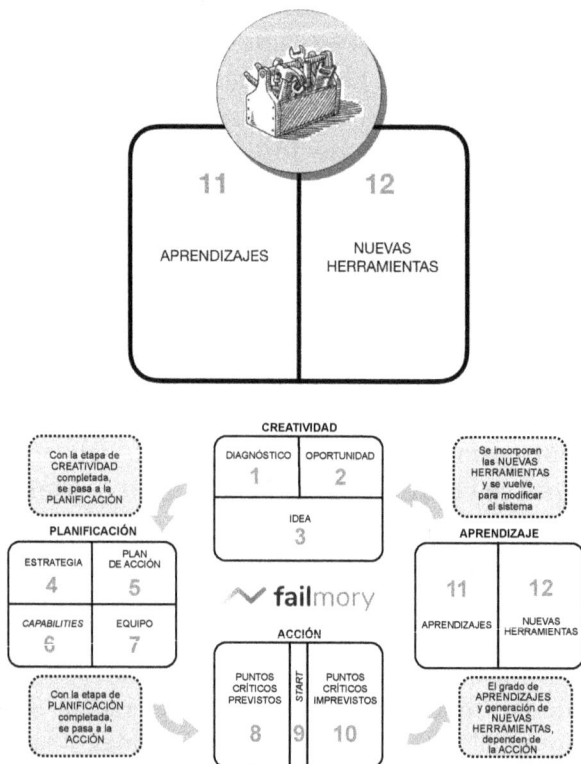

La cuarta caja del proceso de un proyecto, para el *Failure Memory Method®*, es el *aprendizaje*.

Toda ella estará atravesada por una pregunta: ¿Qué se debe modificar?

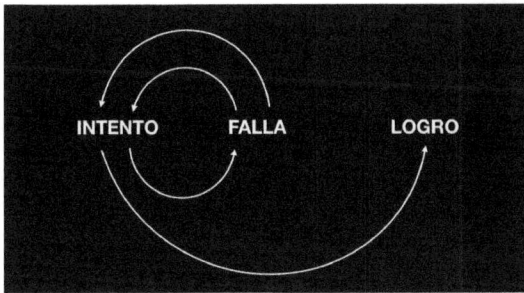

Figura 6. *Intentar, fallar y reintentar.* **En algún momento, se llega a** *intentar* **y** *lograr* **lo que se quiere.**

La solución de un problema corona la búsqueda de las razones que lo provocaron.

Solucionar un problema central implica poner en marcha un proceso de detección de fallas, que tiene 6 puntos clave:

a) Observación.
b) Análisis.
c) Evaluación de soluciones.
d) Experimentación controlada.
e) Evaluación de resultados.
f) Repetición de "a", "b", "c", "d" y "e", hasta obtener soluciones favorables y definitivas.

El *Failure Memory Method®*, una caja negra para aprender y mejorar

El aprendizaje a partir de lo imprevisto es la razón por la cual la industria aeronáutica alcanzó la excelencia. ¿Cuál fue su herramienta fundamental para lograrlo? La "caja negra". Con la información que archiva y provee, se analizan y se estudian fallas y errores relacionados con lo que no se puede prever.

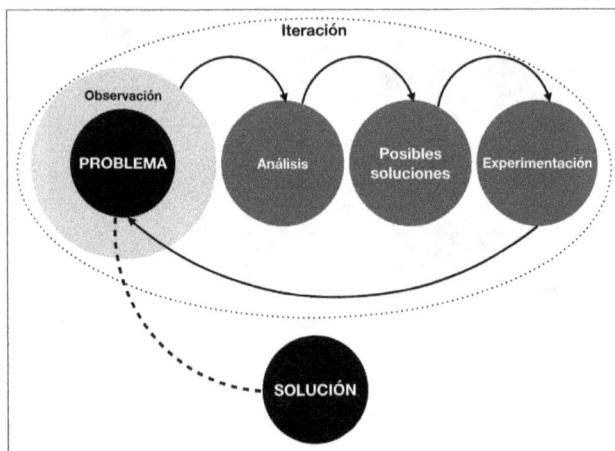

**Figura 7. Lo más complicado para encontrar una solución
suele ser identificar el verdadero problema que provoca la falla.**

En cambio, para cualquier punto crítico previsible, se cuenta con sistemas que permiten una solución por medio de mecanismos propios y del exterior. Todo está pensado para anticipar cualquier problema previsto anteriormente y alejar la posibilidad de que cualquier situación imaginable ponga en crisis el sistema.

*Todo problema imprevisto se convierte en previsto una vez
que ha sido experimentado.
En esa experiencia consiste el aprendizaje.*

Así, el transporte aéreo se convirtió en el transporte de pasajeros más seguro.

Existe una necesidad constante de aprender de las fallas, los errores y los fracasos, para mejorar y reducir cualquier posibilidad de riesgo insoluble. Para el caso, las cajas negras permiten analizar qué fue lo que sucedió, para después poder concentrarse en saber por qué sucedió.

Los gráficos que se observan a continuación demuestran cómo el análisis de las cajas negras posibilitó implementar mejoras cruciales para la industria aerocomercial.

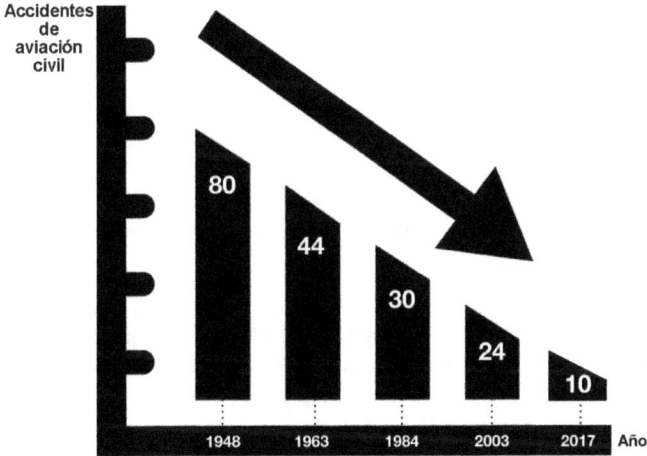

Figura 8. El gráfico muestra la cantidad de accidentes de aviación por año.
Fuente: Aviation Safety Network.

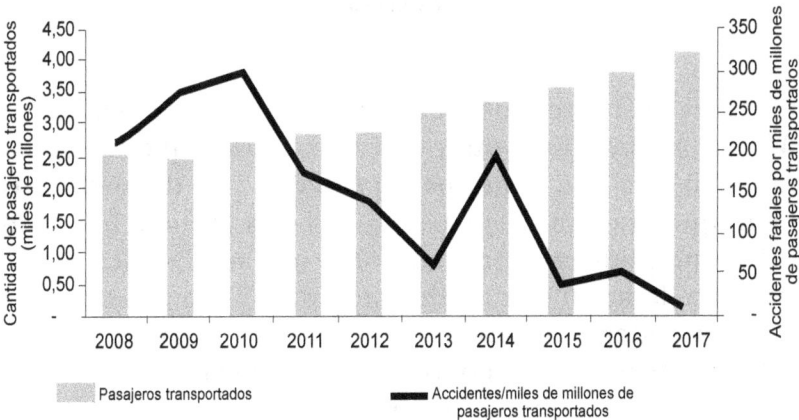

Figura 9. Cantidad de pasajeros transportados *vs.* cantidad de accidentes fatales.
Fuente: IATA / Industry Economic Performance.

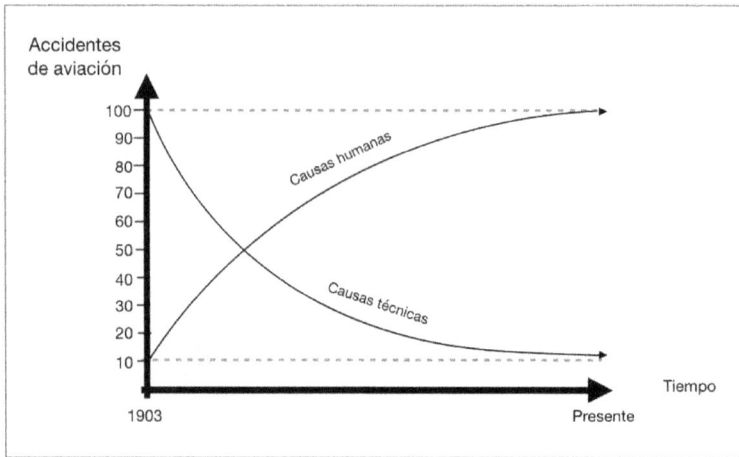

Figura 10. Causas que originan fallas en los vuelos.
Fuente: FAA Aviation Maintenance Technician HandBook – General.

Ahora bien, si está comprobado que la utilización de la caja negra fue decisiva para el desarrollo y el éxito de esta industria,

¿Por qué los proyectos de negocios no tienen sus propias cajas negras?

Esta fue la pregunta que impulsó la creación del *Failure Memory Method*®. Encontrar una metodología que funcionara como una caja negra para proyectos por desarrollar, o bien, que pudiera acoplarse a proyectos en marcha. También, que pudiera funcionar como una unidad de memoria, para llevar un control de datos, detectar puntos críticos para aprender, para resolverlos, y para mejorar los proyectos y procesos de trabajo, pudiendo, además, crear nuevas herramientas y ponerlas al servicio del proceso en marcha y de proyectos futuros.

80

¿Qué ocurrirá si una compañía no lleva un registro de sus fallas, de sus errores y de sus fracasos?

En primer lugar, tropezará dos veces con la misma piedra, como le sucedió a Microsoft, primero con el Zune y después con el Windows Phone. Si la compañía hubiera tenido registros de fallas, o una memoria institucional de los procesos, difícilmente se habría topado dos veces con el mismo obstáculo.

Siempre se deben buscar las razones que ocasionan los problemas, para obtener verdaderas soluciones.

QUÉ SUCEDE	VS	POR QUÉ SUCEDE
Trabajo sobre el síntoma		Trabajo sobre el problema

Los malos diagnósticos

En el mundo de los negocios, suele ocurrir que la solución a un *problema* termina siendo obturada por la solución del *síntoma* del problema. Cuando esto sucede, el problema en cuestión volverá a repetirse, ya sea de la misma manera o bajo el aspecto de otro síntoma, más confuso y más complejo.

Nuevamente, habrá que solucionar aquello que se suponía resuelto, volviendo a invertir tiempo, trabajo y dinero. Entonces, ¿qué resultará más costoso?

La búsqueda de una falla de fondo debe hacerse considerándola como una de esas muñecas rusas –las matrioskas–. Se detecta un problema, que es, en realidad, un síntoma visible. Pero cuando se lo analiza, se advierte que el problema está detrás. Sin embargo, resulta que ese también es un problema aparente. Luego, al profundizar, se descubre otro. Ese otro, pues, será un problema derivado del que finalmente está detrás, y que es el problema central, o problema de fondo. Cuando se trata de solucionar una falla, se debe tener en cuenta que es posible que el verdadero problema se encuentre detrás de esa falla que se hace visible.

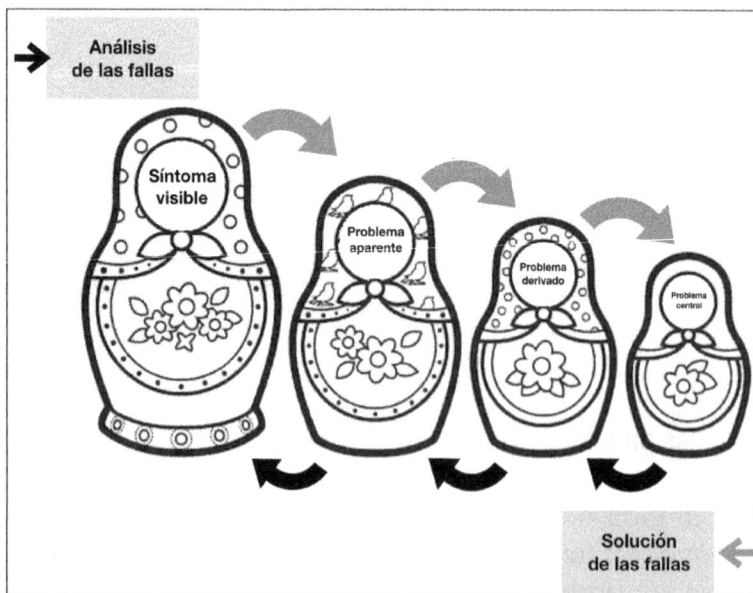

Figura 11. Los síntomas y los problemas forman matrioskas que esperan ser descubiertas. ¿Hasta cuál estamos dispuestos a llegar?

¿Por qué?

Esta pregunta configura una herramienta fundamental para profundizar y llegar al problema de fondo cuando, ante un problema, se trata de descubrir el fondo de la cuestión. Existe una técnica –"la técnica de los 5 porqués"– que habitualmente puede emplearse, basada en formular preguntas que permiten explorar la relación causa-efecto que genera un problema específico, para poder llegar a la raíz. Sin embargo, es importante identificar cuándo conviene detenerse, puesto que, si se sigue cuestionando una situación a partir de los "porqués", finalmente se descubrirán problemas económicos o financieros, que suelen ser los más sensibles en cualquier proyecto.

En estos casos, es de gran ayuda detenerse en la búsqueda más profunda de lo que, cada uno, con sus herramientas, puede modificar, para saber hasta dónde se debe preguntar. Así se encontrará la clave para no quedar entrampado en buceos inútiles.

Algunas claves para tener en cuenta:

– El camino que aparenta ser más económico no siempre termina siéndolo. (Solucionar un síntoma y seguir adelante no evita la posibilidad de que, en breve, se deba volver a actuar sobre otro síntoma del mismo problema, con lo que esto significaría en tiempo invertido y costo monetario.)

– El camino que parece más rápido no siempre devuelve la solución más confiable. ("El tiempo es dinero", pero en ocasiones, resolver rápido no significa resolver bien.)

– El camino que se percibe como más sofisticado no siempre es el mejor, ni conduce al mejor lugar. (Pensar sencillamente es la mejor manera de pensar, puesto que el sentido común es fundamental para responder preguntas clave.)

Recomendaciones para elaborar un proyecto:

- Pensar sencillamente.
- Pensar en equipo.
- Confiar en lo que uno sabe.
- Confiar en lo que el equipo sabe.

- No dejarse llevar por opiniones, sino guiarse por fundamentos.
- Aceptar sugerencias si se está dispuesto a experimentar.
- Definir un camino y enfocarse en él. (Si se falla, habrá otra oportunidad.)
- Dedicar el tiempo necesario para encontrar una solución definitiva. Si se resuelve rápido pero mal, al final del proceso se habrá consumido más tiempo y más dinero.
- Tener claro que una prueba siempre conlleva una falla o un error, también un aprendizaje.
- Recordar que si se está fallando, de algún modo se está aprendiendo.
- Animarse a fallar, hasta no fallar más.

Las fallas, los errores, los fracasos y los contextos

El hecho de que un proyecto se haya desarrollado sin llegar a los resultados esperados no significa que esa misma idea no pueda funcionar en el futuro. Por eso, es necesario tener un registro de ese proceso, entendiendo que en un mundo VICA, en otro momento, en otras circunstancias y en condiciones adecuadas, se pueda realizar.

La fórmula química del indestructible cristal Gorila Glass, de la Corning Glass Works, demoró 60 años en encontrar el éxito. Cuando este material, descubierto por casualidad debido a una falla mecánica, demostró cualidades sobresalientes de resistencia y flexibilidad, en los años 50 a 60 no reconocía un mercado interesado en un producto de esas características.

Pero en 2007, fueron justamente ese cristal y sus características lo que permitieron que el iPhone fuera tan disruptivo y novedoso, y rompiera con el liderazgo de todas las marcas. Es que, entonces, el mercado sí estaba preparado para acoger ese producto.

Considerar que "ya lo intentamos antes y no funcionó" es una buena razón para intentarlo de nuevo. En estas páginas, no dejaremos de analizar los hechos en relación con el contexto. Se debe tener en cuenta que los nuevos contextos ofrecen nuevas posibilidades, nuevas oportunidades, y que se pueden obtener nuevos resultados. En caso de que algo no haya funcionado anteriormente, bajo determinadas condiciones internas y externas de la compañía, posiblemente, en otro momento, en otro contexto, bajo condiciones diferentes, sí pueda funcionar.

Entre sus diversos intentos por mantenerse a la vanguardia del mundo digital, Google desarrolló el Google Wave, un servicio de mensajería instantánea y redes sociales. El proyecto no llegó a captar el interés de los usuarios y la compañía decidió cerrarlo. Pero si bien anularon el programa, no hicieron lo mismo con el sistema, que volvió con más fuerza al poco tiempo, bajo el nombre de Hangouts, un chat asociado al *webmail* de Google, Gmail.

En ese sentido, Google ya lleva varias de estas jugadas y sigue intentándolo. Por ejemplo, con Google Notebook, que nació en 2006 con el objetivo de facilitarle al usuario el acceso a todos sus documentos en línea. Pero el proyecto no tuvo la repercusión esperada y la compañía lo canceló. Poco tiempo después, empleando la misma lógica, con la base del mismo programa, pero en otro contexto, el proyecto volvió al mercado con el nombre de Google Drive. En esencia, ofrecía las mismas posibilidades de alojar archivos que el Google Notebook, pero en un contexto más apropiado, porque, para entonces, se había generalizado el conocimiento de "la nube" y de todo lo que es posible hacer y resguardar allí.

El primer paso no te lleva a donde quieres ir, pero te aleja de donde estás.

El automóvil eléctrico, por ejemplo, tuvo sus primeros avances a comienzos del siglo XX. Pero durante la Primera Guerra Mundial y después, en el transcurso de la Segunda, los fabricantes se concentraron en el desarrollo de vehículos de combustión a base de petróleo. Estos vehículos eran más robustos, tenían más autonomía y más resistencia. Por otra parte, el consumo del petróleo –una fuente de energía no renovable– no constituía un problema en la primera mitad del siglo XX. El hecho de que los vehículos eléctricos no hayan sido bien recibidos a comienzos del siglo pasado no borró del mapa el proyecto. La innovación encontró su oportunidad 100 años después, porque había cambiado el contexto. Actualmente, los vehículos eléctricos constituyen el eje de investigación y desarrollo más importante de la industria automotriz.

Aprender y registrar, registrar para aprender

Si todas las compañías tuvieran un registro del recorrido efectuado, desde el momento de creación, el de planificación, el de análisis de la acción, y de los aprendizajes de cada experiencia, no solo se podrían recomenzar proyectos fallidos desde lugares avanzados, evitando tener que volver a recorrer el mismo camino, sino que también, la compañía, como institución, capitalizaría mucha más experiencia y mayor conocimiento. Así podría convertirse no solo en un espacio de generación de proyectos, sino también en un referente de enseñanza y de formación.

¿Por qué las empresas no dejan registro de sus fallas y sus fracasos?

Existen tres razones para que esto ocurra:
a) Razones de mercado.
   A las compañías les aterra quedar asociadas a productos que fallaron. Esa es la razón por la que, si un

producto no funciona, deja de estar en las góndolas de la noche a la mañana. Porque para el marketing, aquello que no se ve, y de lo que no se habla, no existe.

Afortunadamente, para quienes nos interesamos en analizar las razones de las fallas y fracasos de productos en el mercado, en varios países del mundo, hay "museos del fracaso", que se pueden visitar, recorrer, observar y, por supuesto, aprender de lo sucedido con todos aquellos productos que han sido discontinuados y escondidos, para que el público los olvidara lo más rápido posible.

b) Razones internas de las compañías.

Cuando se crean departamentos o equipos para desarrollar proyectos puntuales y estos no funcionan, en la mayoría de los casos, son desarmados o modificados, rotados o desafectados. A raíz de estos cambios, no quedará para la compañía registro de la experiencia de aprendizaje del proyecto.

c) Razones personales de los empleados.

Cuando las compañías no tienen una cultura de fallas, las personas que las constituyen no se sienten respaldadas para asumir los fracasos como aprendizajes propios, de equipos o de compañías. Los fracasos no son percibidos como la vivencia de un conocimiento que debe ser capitalizada. Por el contrario, después de una experiencia fallida, suele suceder que quienes componen los equipos comienzan a experimentar frustración, angustia y, sobre todo, temor de que, por aquella razón, su puesto corra peligro. De manera que el/la empleado/a tratará de pasar rápidamente al siguiente desarrollo, sin reparar demasiado en lo experimentado.

¿POR QUÉ EN LAS COMPAÑÍAS NO HAY MEMORIA DE FRACASOS?

A MERCADO	B EMPRESA	C EMPLEADO
Se sale rápidamente del mercado	Se modifican y se rotan los equipos	Se prefiere el silencio
DENOMINADOR COMÚN		
Temor de ser asociado con el fracaso	Temor de ser asociado con el fracaso	Temor de ser asociado con el fracaso

En estos casos, como las personas involucradas en el aprendizaje obtenido de las experiencias fallidas, de los errores y de los fracasos eligen sepultar el problema para que no se las relacione con estos últimos (como ocurrió en el caso de Nokia), ese conocimiento y esa experiencia jamás llegan a ser parte del aprendizaje de la compañía. Y, en consecuencia, la compañía no logra generar un espacio donde capitalizar sus pasos anteriores.

Por suerte para todos, buscar responsables antes de encontrar soluciones es parte de una cultura en vías de extinción. El siglo XXI trae cambios profundos, como la cultura de fallas o *Failculture*, que asume que, detrás de lo que no resulta como se espera, hay mucho para aprender, e invita a probar caminos porque se tiene conocimiento de que, además de lograr objetivos, se aprende de los caminos recorridos.

Si todas las fallas y los fracasos suponen aprendizajes,
¿dónde queda el registro de lo aprendido,
para no volver a fallar?

Una de las características del *Failure Memory Method®,* es la de llevar un registro pormenorizado de todo un proceso de trabajo, desde la concepción hasta el funcionamiento en el mercado, dando cuenta, etapa por etapa, de todo lo que se experimenta, hasta lograr un producto o servicio instalado en el mercado, que genere valor. Este registro, que puede estar en formato analógico, digital, o en ambos, queda asociado directamente al proyecto de la compañía. De esta manera, cuando sea necesario realizar una consulta de cualquier etapa o momento del proyecto, se podrá acceder a su historial al instante. El *Failure Memory Method*® deja constancia de todo el proceso anexado a ese proyecto, tal como si este llevara adjunta la estructura de su propio ADN. Es así que las experiencias, las pruebas, las fallas, los errores, los fracasos, los aprendizajes, el desarrollo de nuevas herramientas y sus aplicaciones, quedan anexados a los proyectos, así como en manos de las compañías que los generan, los apoyan, los desarrollan e invierten en ellos.

```
                        C                       E
        F               I       R               R
        A               N       I               R
        L               T       O               O
        L       F       E       S       C       R
        A   P   R   E   N   D   I   Z   A   J   E   S
        S       A       T       D       S       S
                C       O       A       O
                A       S       D       S
                S               E
                O               S
                S
```

El Apolo 13. Trabajar para la solución y trabajar sobre el problema

El 11 de abril de 1970 despegó desde el Centro Espacial Kennedy la séptima misión del programa Apolo, Apolo 13, en dirección a la Luna. Pero la explosión de un tanque de oxígeno en el módulo de servicio y la pérdida de otro similar, a 330.000 kilómetros de la Tierra, fue el detonante que cambió los planes de aquella misión. Los astronautas debieron moverse rápidamente al módulo lunar, para poder ahorrar energía y después poder usarla para entrar en la atmósfera terrestre.

El módulo de servicio, que había sufrido la avería, llevaba también células de combustible compuestas por oxígeno respirable e hidrógeno en estado líquido, que, combinadas, podían suministrar agua potable, oxígeno y energía. Después de la explosión, estas células dejaron de funcionar, de modo que las cantidades de agua, de oxígeno y de energía eran insuficientes para continuar la misión.

El módulo lunar, al que debieron migrar, estaba preparado para recibir a dos personas durante un día y medio, y eran 3 los astronautas, que deberían permanecer durante 4 días.

Racionando al máximo el consumo de alimentos y de energía, podrían mantenerse con vida mientras tuvieran que estar alojados allí. Pero al poco tiempo de estar dentro del módulo, los astronautas detectaron que el oxígeno respirable se estaba saturando de dióxido de carbono. Se imponía reemplazar urgentemente los extractores, o se quedarían sin oxígeno.

Los extractores de repuesto correspondían a otro módulo y no tenían el mismo diseño, de modo que no podían ser utilizados. Los extractores que debían ser reemplazados eran cuadrangulares, pero los que había de repuesto eran circulares. Solo cabía la posibilidad de ingeniárselas para adaptar el sistema.

Mientras esto sucedía en el espacio, en la base de Houston se consolidó un equipo de ingenieros, para asistir los requerimientos del Apolo. La misión había cambiado radicalmente.

La experiencia de volver a la Luna se había convertido en la imperiosa necesidad de volver a la Tierra. Había que establecer un orden de prioridades, porque los problemas derivados de la explosión comenzaban a multiplicarse.

Desde el teatro de operaciones montado en la sede aeroespacial en Houston, los ingenieros recrearon las mismas condiciones que experimentaba la tripulación espacial y, empleando los mismos elementos de que disponían los astronautas, exploraron y experimentaron diversas posibles soluciones.

Desde ya, el problema que requería una solución más urgente era la falta de oxígeno.

Valiéndose de cubiertas de manuales y de calcetines, entre otros objetos, crearon una nueva herramienta a la que bautizaron "buzón". A través de ella, lograron filtrar con éxito, el oxígeno saturado de dióxido de carbono.

Solucionado este problema, los astronautas podían aplicarse a pensar en la manera de volver a casa, pero la cuestión no sería sencilla. En primer lugar, debían encontrar una manera de aprovechar la energía del módulo desechado, para poder emprender el regreso. Sin embargo, cuando finalmente los astronautas regresaron al módulo en el que debían volver, las heladas temperaturas habían congelado todos los sistemas para su puesta en marcha.

No obstante, ya tenían una solución prevista para esta complicación, a causa de una dificultosa experiencia anterior, la del Apolo 1.

Gracias a la explosión producida en el módulo, la NASA se abocó a mejorar los aislamientos de los conectores eléctricos de los paneles, contra la humedad y el congelamiento, para evitar cortocircuitos. Ese aprendizaje significó que se pudiera minimizar el problema y, por ende, que los astronautas pudieran volver a Tierra.

Ya de vuelta, los tripulantes del Apolo 13 comenzaron los trabajos de investigación sobre la falla de fondo, la última de las "matrioskas", es decir, el verdadero problema, ya que todos los que se fueron encadenando derivaron, en mayor o en menor medida, de la explosión inicial.

APOLO 13

Síntoma visible

Problema aparente

Problema derivado

Problema real

| Escaso oxígeno para la tripulación | Hay que reemplazar los filtros de aire. No hay filtros de reemplazo Se pueden usar unos filtros que antes deben ser adaptados • • • • • • • • Hay muy poco tiempo para hallar una solución a este problema | No hay un energía suficiente para el reingreso a la atmósfera • • • • • • • • • Congelamiento de controles en la entrada a la atmósfera | Explosión del tanque de oxígeno |

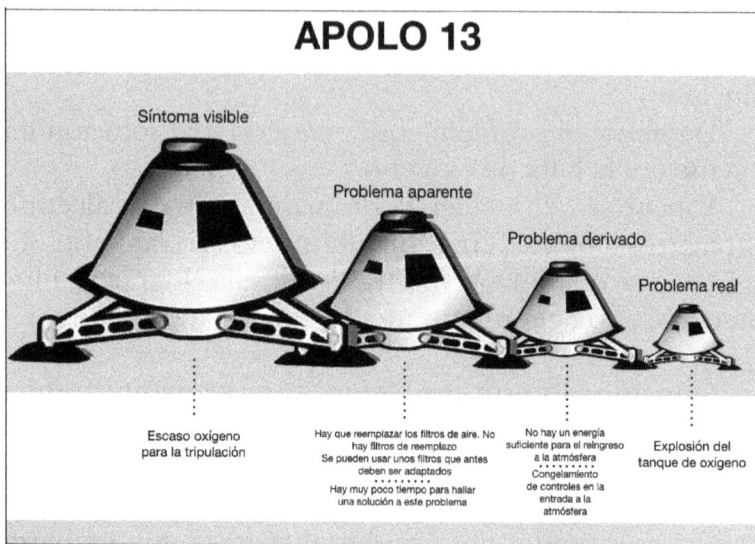

¿Por qué explotó el tanque de oxígeno de la nave Apolo 13?

Los tanques de la nave tenían adosado un calentador que convertía el oxígeno líquido en oxígeno gaseoso. El calentador era controlado por un termostato cuya alimentación se había cambiado, por especificaciones técnicas, de 28 a 65 voltios, pero los termostatos no habían sido adaptados para esta modificación. Ocurrió entonces que tan elevado voltaje (más del doble de lo que podían recibir) produjo que los termostatos se fundieran y dejaran de funcionar. Entonces, sin regulación de la temperatura, los calentadores de los tanques perdieron el control que los apagaba. El aumento desmesurado de temperatura provocó el cortocircuito que produjo el indeseado incidente.

Nuevas y profundas revisiones de todo el sistema acarrearon nuevas modificaciones y diversas mejoras. Entre ellas, la actualización de los termostatos y el agregado de un nuevo tanque de oxígeno. Al Apolo 13 le siguieron otras misiones idénticas y exitosas, que pudieron lograr sus objetivos, gracias, entre otras cosas, al aprendizaje debido a las fallas de esta misión.

Fujifilm. Aprender a usar el propio conocimiento

La empresa Fujifilm fue fundada en el año 1934 bajo el nombre de Fuji Photo Film Company Ltd. Su objetivo principal era desarrollarse en el mundo de la fotografía, primero en Japón y, en una segunda etapa, abrirse al mercado internacional, objetivo que llevó a cabo 30 años después, abriendo oficinas en Nueva York. Pero a nivel mundial, en los años 60, ya eran varias las empresas que competían en el mercado de la fotografía, entonces liderado por Kodak. Posteriormente, se sumaron la alemana Agfa-Gevaert y la japonesa Konica. En 2001 la Asociación de Marketing Fotográfico alertó a la industria que representaba: "Durante los siguientes diez años, el mundo de la fotografía se transformará hacia lo digital".

En cambio, los diez años profetizados se redujeron a cinco. Así, para 2005, la caída en las ventas de la industria fotográfica ya mostraba que el tiempo analógico se estaba terminando. La industria electrónica fue la primera en ingresar en el mercado con sus cámaras digitales y, en 2007, con el desembarco del iPhone, ya no habría que competir con las cámaras digitales, sino también con los *smartphones* y el software fotográfico.

Los laboratorios químicos que no supieron actualizarse, después de haber sido indispensables en el mercado de la fotografía durante el siglo XX, quedaban fuera de competencia.

Mientras tanto, en Fuji, percibían que la industria que habían dominado durante tantos años había virado hacia la electrónica y la programación, áreas que les eran ajenas.

Consideraron entonces que podían tomar dos caminos:

1. Batallar en un terreno que se había vuelto completamente desconocido.
2. Migrar hacia otro mercado en el que pudieran reconvertirse a partir de la experiencia acumulada.

La compañía Fuji optó por el segundo camino, pero, a la vez, se planteó un interrogante: ¿Qué podemos hacer con la tecnología que dominamos y en la que somos experimentados? Las investigaciones realizadas por Fuji habían detectado que el proceso de oxidación que ataca al papel fotográfico es similar al que deteriora la piel. Ese descubrimiento dio lugar a un nuevo proyecto, consistente en migrar al mundo de la cosmética para aplicar sus conocimientos sobre fotografía y desarrollar una crema que pudiera neutralizar el deterioro de la piel. Así, empezaron a fusionarse con empresas de los sectores farmacéutico y cosmético, lo que les permitió desarrollar su producto y tener un rápido acceso al mercado. Mientras que, en 2012, Kodak, la máxima compañía fotográfica, se declaró en quiebra, Fujifilm siguió –y sigue actualmente– en carrera, instalada en el mercado de la cosmética.

Hoy, Fuji lidera, entre otros productos, el nicho de las cremas antiedad. También, fiel a su espíritu resiliente, ocupa un lugar muy importante en el mercado de la tecnología aplicada a la salud.

El *Failure Memory Method*® como ecosistema

Ser contenido y ser continente

Una metodología es, por definición, un grupo de mecanismos o procedimientos racionales, empleados para el logro de un objetivo, o de una serie de objetivos. Es, también, un modo de organizar los pasos que hay que seguir para lograr determinados objetivos. Es por esto que el mundo de la creatividad y los negocios trabaja en el desarrollo constante de metodologías para acompañar y facilitar una gran cantidad de procesos.

- Armar de manera rápida y sencilla un plan de negocios.
- Analizar la incorporación de un nuevo producto a un mercado.
- Obtener información ordenada acerca de hábitos de consumo.
- Entender cómo vive y qué necesita determinada franja de clientes.
- Reducir tiempos en los procesos de producción.
- Encontrar fallas en los sistemas.
- Otros.

Para cada necesidad existe una metodología que la organiza. Para cada objetivo existe un sistema que puede resultar eficaz como guía. Pero, en muchos casos, el proceso que implica un proyecto requiere la utilización de más de un método de trabajo y exige varias acciones difíciles de sistematizar para un entendimiento común. Es por eso que el *Failure Memory Method*®, además de funcionar por su contenido, también se vuelve *continente*. Se vuelve, abiertamente, una herramienta cooperativa, inclusiva, integradora y solidaria, para alojar otras metodologías y poder complementar sus objetivos.

Imaginemos, por ejemplo, que el equipo responsable de elaborar el plan de negocios en el momento de planificación se siente cómodo trabajando con el *Business Canvas Model*, y que el equipo que asume la responsabilidad de la creatividad prefiere explorar y desarrollar una idea empleando la metodología *Design Thinking*. En casos como este, ambas metodologías pueden coexistir naturalmente dentro del *Failmory*, que opera como continente.

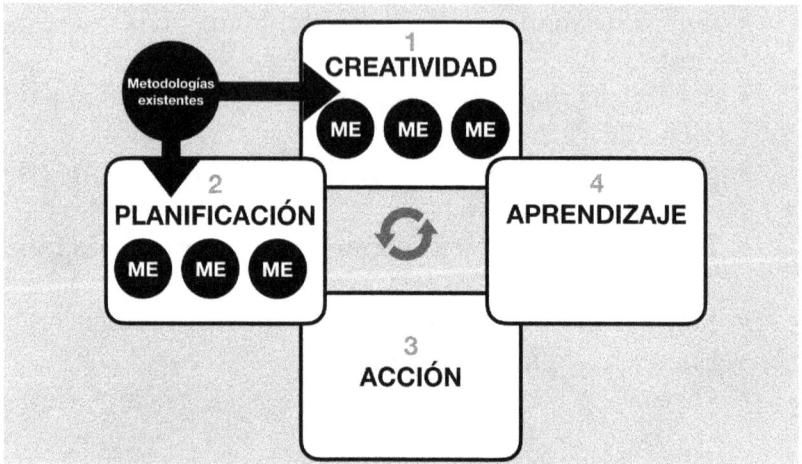

Figura 12. El *Failure Memory Method®* acepta incorporar otras metodologías a su sistema e interactuar con ellas. Es una metodología innovadora en sí misma y es, también, metodología de metodologías de innovación, para la mejora continua.

CAPÍTULO 3

Herramientas ágiles para la cultura de fallas

Failmotion. La emoción y las fallas

Para el último capítulo de este libro hemos elegido algunas herramientas ágiles de la cultura *Fail*, que consideramos imprescindibles a la hora de generar y desarrollar cualquier proyecto. Se trata de modelos que ayudan a detectar, analizar, comprender y solucionar fallas, errores y eventuales fracasos, que pueden surgir en las diferentes etapas que componen los procesos de *creatividad, planificación* y *acción* de un proyecto.

Entre los sucesos que tienen lugar en una compañía hay que considerar la vida de las personas. En el ámbito de trabajo, las personas piensan, hacen, deshacen y se relacionan. En estas situaciones invierten su **razón**, su **acción** y su **emoción**.

Todos los proyectos que se llevan a cabo dependen de estas tres características y, según la tarea y el momento, los porcentajes de acción y de razón invertidos se modificarán. Incluso, ciertas tareas demandan mucha acción y poca razón. Otras, en cambio, mucha razón y poca acción. Hasta es posible que ambas variables funcionen separadamente si fuera necesario.

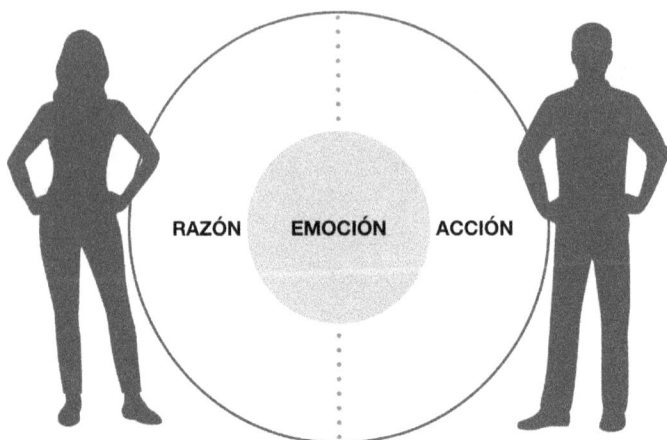

RAZÓN   EMOCIÓN   ACCIÓN

Pero, en cambio, acerca de la emoción sucede algo distinto. La emoción no puede funcionar separada de la razón ni de la acción. Lo emocional es transversal a estas dos últimas, porque **todo** es emocional.

La emoción afecta directamente a las personas que constituyen los equipos de trabajo, a esos equipos y, por supuesto, a toda una compañía. Cada uno de los momentos que se transite, en cualquier etapa de un proyecto, afectará emocionalmente a los equipos que estén desempeñándose en su desarrollo. En conclusión, la emocionalidad es una constante transversal de cualquier proyecto, presente en todos los momentos y en todas las etapas.

La emocionalidad es un pilar que debe ser muy tenido en cuenta a la hora de conformar los equipos de trabajo. Una persona con aspectos negativos podría influir en un equipo hasta afectar el comportamiento del todo de modo destructivo. Si esto sucede, se perjudicarán, tanto el equipo como el proyecto. En cambio, si una persona tiene aspectos positivos, su óptica será fundamental a la hora de trabajar bajo presión y en un entorno de fallas.

Failmotion

Existe una herramienta, diseñada por Failculture y llamada *Failmotion*, que permite anticipar las fallas que pueden ser producidas por aspectos emocionales, según las características que tengan determinados proyectos.

El método *Failmotion* está inspirado en el *Managing Complex Change*, de la Dra. Mary Lippitt, fundadora y presidenta de Enterprise Management, Ltd.[*]

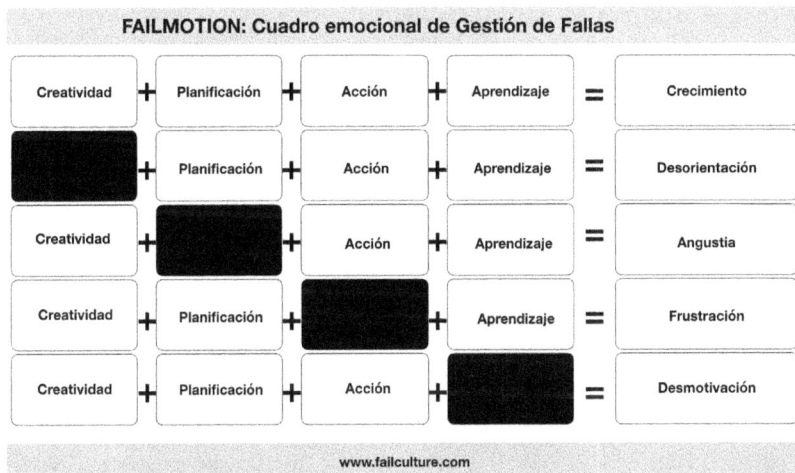

FAILMOTION: Cuadro emocional de Gestión de Fallas

Creatividad	**+** Planificación	**+** Acción	**+** Aprendizaje	**=**	Crecimiento
■	**+** Planificación	**+** Acción	**+** Aprendizaje	**=**	Desorientación
Creatividad	**+** ■	**+** Acción	**+** Aprendizaje	**=**	Angustia
Creatividad	**+** Planificación	**+** ■	**+** Aprendizaje	**=**	Frustración
Creatividad	**+** Planificación	**+** Acción	**+** ■	**=**	Desmotivación

www.failculture.com

El Cuadro emocional de Gestión de Fallas (*Failmotion*), muestra lo que sucede con la energía emocional de un equipo cuando alguno de los cuatro momentos principales del *Failure Memory Method*®, es omitido, está incompleto o falla por alguna razón.

¿Dónde está la falla?

Para que un proyecto consiga el éxito, será necesario no omitir ninguna de las etapas de su desarrollo. Y, según nues-

---

[*]   En: www.enterprisemgt.com

tra concepción, el éxito incluye la posibilidad de fallar, de equivocarse y de fracasar, pero siempre para beneficiarse de esa experiencia y generar herramientas para crecer, mejorar y superar cualquier contratiempo. Sucede que para la cultura de fallas (Failculture), el solo hecho de *hacer* es un logro, que debe ser reconocido. Si no se falla, es porque no se está haciendo.

Otra de las metodologías existentes para detectar fallas, para aprender de ellas y así mejorar sistemas de trabajo, es el Cuadro de localización de fallas que hemos desarrollado y que funciona asociado al *Failure Memory Method*® (véase la página siguiente).

El Cuadro de localización de fallas es un sistema anticipador. En efecto, anticipa el tipo de fallas que podrían aparecer, si alguna etapa del proceso de un proyecto no se ejecuta correctamente, o no se elabora con la información necesaria para asegurar su buen funcionamiento. En síntesis, este sistema de anticipación de fallas ofrece una ayuda para visualizar los puntos más débiles, aquellos desde donde podrían surgir las fallas, los errores y, eventualmente, los fracasos. Pero al mismo tiempo, este cuadro de tareas permite hacer una ágil lectura post lanzamiento. Si se experimenta una falla que figura en el cuadro, se podrá identificar rápidamente a qué sección del *Failure Memory Method*® corresponde, así como ubicar dónde se deberá aplicar la concentración.

Analizaremos, en términos generales, cada una de las fallas que podrían presentarse.

• **Falla en el** *diagnóstico*

Son diversas las razones que pueden hacer fallar o fracasar un proyecto, si no se realiza un buen diagnóstico. Cuando el diagnóstico no es claro, o incluso si no lo hay, es posible que se esté desarrollando un proyecto que no cubra ninguna

Cuadro de Localización de Fallas

Diagnóstico + Oportunidad + Idea + Estrategia + Plan de acción + Capacidades y habilidades + Equipo + Puntos Críticos Previstos + Start + Puntos Críticos Imprevistos = FALLA

www.failculture.com

necesidad. Entonces, tal vez la propuesta se quede a mitad de camino o, lo que sería aún más problemático, termine afectando áreas sensibles, por falta de percepción del contexto real. Podría suceder que, en lugar de proponer una solución, un diagnóstico errado esté sumando un problema. El caso de Yamaha y su producto *Lady,* desarrollado en el Capítulo 2, es un claro ejemplo de esta situación.

Un diagnóstico acertado permite conocer en profundidad las necesidades de un posible sector consumidor. No se pueden construir bases sólidas sobre arenas movedizas.

• **Falla en la detección de la** *oportunidad*

Este tipo de falla guarda directa relación con la anterior. Si no se tiene claro el diagnóstico, posiblemente no se tenga la clara visión de cuáles son las oportunidades que se pueden aprovechar. Es esta carencia de información la causal directa de fallas, errores y fracasos.

Para detectar una buena oportunidad, para no fallar y poder aprovecharla, hay que visualizar una necesidad que deba ser solucionada. Esa solución se convierte entonces en un propósito, y cuando el propósito es claro y puede mejorar la vida de la gente, resulta una verdadera ocasión de éxito.

Es posible que exista una falla en la detección de una oportunidad, y puede estar relacionada con cualquiera de las tres variables siguientes: lugar - tiempo - *target*. Sin embargo, el repaso que este sistema permite hacer de todas las variables matemáticas posibilita que no se falle en esta etapa.

Lugar	Tiempo	*Target*	Observaciones
SÍ	SÍ	SÍ	No hay falla de oportunidad.
SÍ	SÍ	NO	Es el lugar, es el momento, no es el *target*.
SÍ	NO	SÍ	Es el lugar, no es el momento, es el *target*.
SÍ	NO	NO	Es el lugar, no es el momento, no es el *target*.
NO	SÍ	SÍ	No es el lugar, es el momento, es el *target*.
NO	SÍ	NO	No es el lugar, es el momento, no es el *target*.
NO	NO	SÍ	No es el lugar, no es el momento, es el *target*.
NO	NO	NO	No es el lugar, no es el momento, no es el *target*.

• **Falla en la *idea***

Es posible tener un diagnóstico concreto y certero, y también es posible encontrar una oportunidad apropiada para desarrollar una idea determinada. Entonces, en ese caso, ¿cómo es que esa idea puede fallar? Falla cuando no logra despertar interés ni atraer la atención; cuando debe explicarse demasiado; cuando es muy compleja; cuando ninguna de sus características la diferencia de la oferta existente en el mercado; cuando no apunta a un propósito; cuando no cumple ninguna función; cuando no aparece para solucionar un problema. De modo que es imprescindible que la idea que se quiere instalar tenga un propósito, para ser valorada. Porque ocurre que una de las fallas más comunes consiste en que los que piensan las ideas suelen enamorarse de ellas.

Dean Kamen, que en 2001 ideó el *Segway*, un vehículo eléctrico y giroscópico de dos ruedas, se aficionó tanto a su idea que no se interesó por elaborar un prototipo para ser probado por el futuro usuario. De haberlo hecho, habría comprobado lo que comprendió cuando ya había invertido varios millones de dólares. Al usuario, el vehículo no le resultaba fácil de conducir y le reclamaba más autonomía, además de no entender si era para utilizar en la calzada o en la vereda. Esta oleada de contratiempos se completó con el hecho de que muchas ciudades estadounidenses no disponían de una ley para organizar la circulación de vehículos eléctricos, de modo que, en algunas localidades, su tránsito por la calzada fue prohibido, mientras que en otras le prohibieron circular por la vereda; en otras, aun, como San Francisco, lo prohibieron absolutamente.

• **Falla en la** *estrategia*

La estrategia debe ser pensada y desarrollada tanto hacia el interior como hacia el exterior del proyecto, lo cual se simplifica elaborando un completo plan de negocios.

Al contrario de lo que suele creerse, tener que ajustar y modificar un plan que se ha trazado no constituye una mala noticia. Muchas experiencias que se viven a partir de un proyecto ya trazado obligan a replantear lo que se suponía resuelto. Es de fundamental importancia ser flexible a la hora de la planificación. No existe un plan de negocios perfecto, que se pueda lograr sin haber experimentado el proyecto en la acción.

• **Falla en el plan de** *acción*

El plan de acción despliega las herramientas necesarias para poder darle viabilidad a lo que se quiere construir, ya que permite planificar la gestión y el control de tareas. Es la hoja de ruta del proyecto. El plan se debe trazar sobre la estrategia ya definida, puesto que organiza el *cómo* se va a realizar aquello que se ha propuesto.

¿Qué necesidades se deben tener en cuenta? ¿Qué metas se quieren alcanzar? ¿Qué tareas y qué acciones se emprenderán para llegar a los objetivos? ¿Qué recursos serán necesarios para lograr lo que se pretende? ¿Cuánto tiempo llevará todo el proceso? ¿Cuándo se debería pasar a la acción? ¿De qué manera se distribuirán los recursos económicos? ¿Cómo se invertirán?

Si este paso no está bien afirmado o si se omite, no se llegará a cumplir ni en tiempo, ni en forma, ni en el presupuesto adjudicado. Incluso, podría no llegarse a pasar a la acción.

Además de proporcionarle un marco al proyecto, un buen plan de acción mejora el rendimiento de los equipos, ya que les fija objetivos claros, tiempos de trabajo, recursos económicos disponibles y caminos por donde se debe discurrir.

Si se omite el plan de acción o si algún punto en su planificación no es claro, es muy factible que el proyecto tropiece con fallas en el rumbo, en la organización, en lo concerniente al dinero y aun en los equipos.

• **Falla en la búsqueda de** *capacidades* **y** *habilidades*

Al llegar a este punto del proceso en la elaboración de un proyecto, es esencial captar las capacidades y habilidades que serán necesarias para su óptimo desarrollo y su buen funcionamiento. ¿Alguien que sepa de comercio exterior?,

¿ingenieros?, ¿programadores? ¿Entendidos en derecho? ¿Versados en literatura?

Hemos consignado que en la actualidad se busca diseñar equipos ágiles, con habilidades en "T". Es decir, sólidas especializaciones personales, pero con capacidad de actitud colaborativa para con otros integrantes del grupo.

Cuando el análisis de este punto se omite o es endeble, no se anticipan con claridad las fallas que podrían ser detectadas a tiempo. Entonces, el equipo carece de respuestas inmediatas, por no tener la capacidad necesaria. Se duda de todo y de todos. Se trabaja con inseguridad. La crisis originada en la toma de decisiones se transforma rápidamente en crisis de los equipos de trabajo.

• **Falla en el armado del *equipo***

Desde que se conoce qué capacidades y habilidades son necesarias para desarrollar un proyecto, se le debe asignar nombre y apellido a cada puesto de trabajo. Ya se sabe qué se necesita. Ahora habrá que definir quién podrá contribuir a llenar esa necesidad.

En este sentido, una de las fallas más habituales en la constitución de los equipos ocurre cuando se privilegia la amistad o la afinidad en el agrupamiento de las personas, en lugar de poner en primer plano la capacidad. Los casos en que esto sucede, en un altísimo porcentaje, son candidatos a fallar. No se trata de que la afinidad en sí represente un problema, ya que la confianza es un valor primordial en los ambientes laborales, pero claramente la elección se debe hacer evaluando la capacidad, primero, y recién después, sopesando la confianza. Si la capacidad y la confianza vinieran de la mano, estaríamos frente a una oportunidad que no habría que dejar pasar.

Si los equipos no se crean pensando en las necesidades del proyecto, puede suceder que se establezca una mala comunicación, que surja la desconfianza entre pares, o, lo que es peor, que no valoren sus capacidades entre sí. Esta circunstancia conduce a la desorganización, a que emerjan mandos disociados y, finalmente, a que no se logre la unidad de equipo necesaria para sostener un proyecto en los momentos más críticos.

• **Falla en la previsión de** *puntos críticos*

Prever los obstáculos que un proyecto puede llegar a tener que enfrentar, es tan valioso como necesario. Anticipar puntos críticos que puedan afectar a un proyecto implica jugar con ventaja. Pensar "por si acaso" permite prevenir problemas.

• **Falla en el** *start*

Para una correcta planificación y un buen manejo de los equipos, siempre es necesario establecer claramente los tiempos de comienzo, tanto en el armado como en el lanzamiento al mercado. Cuando un proyecto demora su salida, puede que encuentre fallas en la oportunidad, puesto que el momento es un componente de la oportunidad. Por ejemplo, en países con monedas inestables, aparecer a destiempo puede implicar salir al mercado con otro valor monetario que el previsto para su fecha de lanzamiento estimada con anterioridad. También, el hecho de salir fuera de término puede provocar inestabilidad en los equipos de trabajo, que se podrían ver afectados en lo emocional. Incluso, el correr del tiempo puede agregar nuevos puntos críticos que no habrían podido ser previstos con antelación.

Es ineludible la relación de los proyectos con los contextos, y estos tienen sus propias leyes, intrínsecamente cambiantes.

• **Falla en el análisis de** *puntos críticos imprevistos*

Como bien dice su nombre, los puntos críticos imprevistos son aquellos que, por alguna razón, no pudieron ser tenidos en cuenta o imaginados de antemano. Son aquellos que no se pudieron prever, que aparecen con el proyecto ya en marcha y que afectan su funcionamiento.

El *Failure Memory Method*® prevé esta contingencia en su metodología, pensada para desarrollar soluciones, a partir de este tipo de problemáticas. Se capitalizan las fallas que llegan para enseñar, y también los aprendizajes que se logran para superar esas fallas. En este sentido, fallar sería no querer aprender de lo que no resultó como se esperaba y, como consecuencia, no habría solución ni tampoco evolución.

La cultura de fallas nos provee otra metodología, que propone una dinámica ágil y práctica, que, además, es entretenida, y conocida bajo el nombre de *Failboard location.*

Failboard location

Failboard location consiste en una dinámica que permite ejercitar la capacidad de los equipos, para detectar fallas y aprender a reconocer a qué etapas del proyecto corresponden.

1- QUÉ PROBLEMA SE OBSERVA	2- Dónde lo ubicaría
	Diagnóstico
	Oportunidad
	Idea
	Estrategia
	Plan de acción
	Capabilities
	Equipo
	Puntos críticos previstos
	Start
	Puntos críticos imprevistos

www.failculture.com

Esta capacidad de detección resulta muy útil cuando un proyecto está en marcha y cuando la velocidad con la que se puede solucionar una falla es determinante para la continuidad del proceso. Al ejercer esta metodología, los equipos que constituyen los proyectos pueden desarrollar una óptica común, a la vez que pueden reconocer y valorar el trabajo de otros equipos.

¿Cómo funciona la Failboard location?

Al poner en práctica esta metodología, se destaca una situación actual de los equipos convocados, o especialmente elegido para la dinámica.

Se separa a los presentes en equipos, o se respetan los equipos, si es que pertenecen a un proyecto en marcha sobre el que se va a trabajar. Ya separados por áreas, se invita a pensar y a escribir, de manera espontánea, impulsiva y anónima, todos los problemas que creen que están afectando el proyecto que está en marcha, o bien el proyecto elegido para la experimentación. Pasado un tiempo, se les pide a los participantes que peguen la nota en el lado izquierdo de una pizarra.

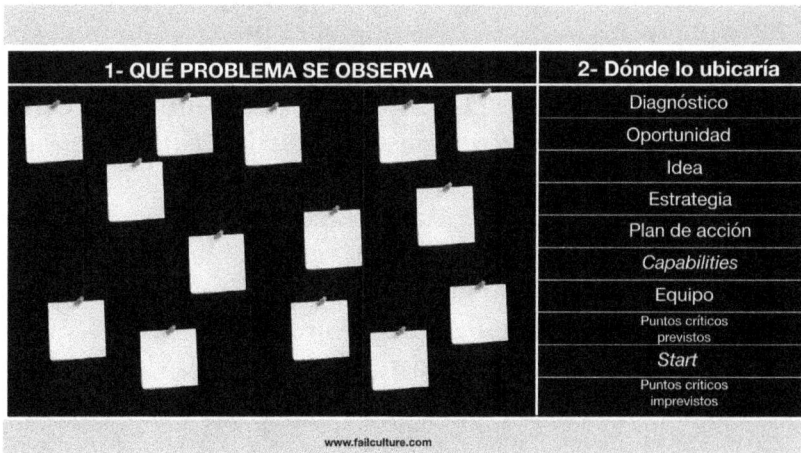

1- QUÉ PROBLEMA SE OBSERVA	2- Dónde lo ubicaría
	Diagnóstico
	Oportunidad
	Idea
	Estrategia
	Plan de acción
	Capabilities
	Equipo
	Puntos críticos previstos
	Start
	Puntos críticos imprevistos

www.failculture.com

Es irrelevante la cantidad de problemas que cada uno decida destacar, pero sí que se lea un problema por papel, porque eso agilizará la dinámica. También es esperable que este espacio que se construye sirva como un terreno de expresión, donde se puedan mostrar las fallas y los errores, sin exponer a las personas.

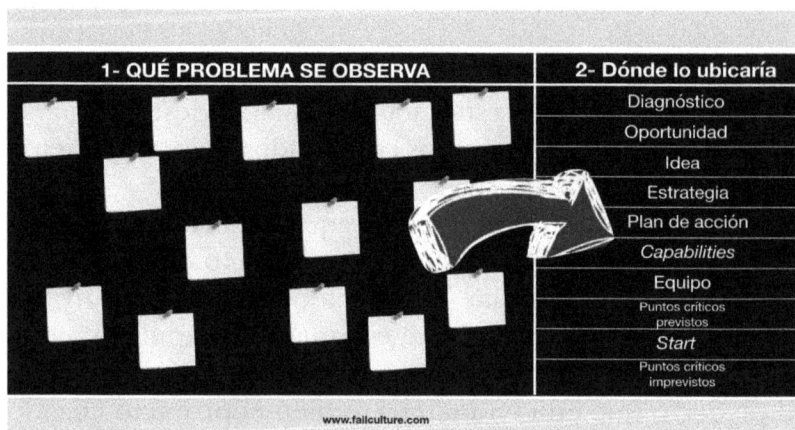

Una vez que el lado izquierdo de la pizarra se haya completado y ya no queden participantes con alguna escritura pendiente, se extrae cada papel y se lee en voz alta, para que todos los presentes puedan opinar a qué ítem del lado derecho corresponde la problemática seleccionada.

En cada una de las líneas de la columna derecha, figuran los momentos y las etapas del *Failure Memory Method*®.

Cuando se experimenta esta acción segmentando a los participantes por departamentos, es posible que mientras unos opinan que cierta falla corresponde a una línea, otros sitúen la misma falla en algún otro renglón. Si esto sucede, se estará detectando que existe una falla en la delimitación de espacios y, por ende, poca claridad en la delimitación de responsabilidades. Será tarea del colectivo de trabajo, o

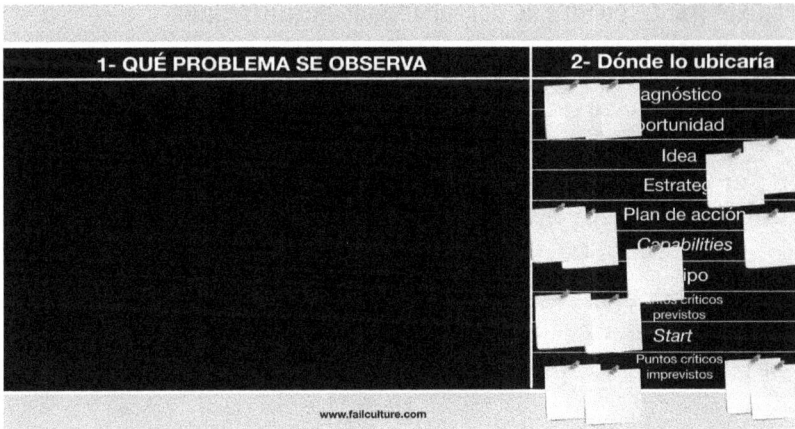

bien de la coordinación, tomar nota de esta falencia y poder ubicar la falla seleccionada en el lugar exacto, para poder trabajar sobre ella.

Este sistema también es eficaz para analizar cuáles son los problemas centrales, cuáles los derivados y conocer dónde están los síntomas (véase gráfico de la página siguiente).

Finalmente, cuando todas las fallas del lado izquierdo hayan encontrado su correspondencia en el lado derecho, será el momento de pasar al análisis de cada una de ellas. Esto incluye verificar si existen, si son reales, o si, en cambio, son síntomas de otros problemas que no figuran en la pizarra.

A partir de esta etapa de la dinámica, está indicado trabajar para analizar las causas de cada falla, con el objeto de aprender de ellas, y también de generar las herramientas necesarias para instrumentar soluciones definitivas y probarlas en la acción, si es que se está trabajando sobre un proyecto en marcha. Este momento puede ser resuelto aprovechando las ideas del colectivo de equipos, o bien buscando soluciones a las fallas, a los errores y a los fracasos, circunscribiéndolos al equipo que corresponda y probándolos luego. Esta parte del método queda a criterio de los coordinadores de proyectos.

Failculture. La cultura de aprender de lo que no resulta como esperábamos

Desde pequeños, observamos, queremos asir lo que vemos, experimentamos, fallamos, pero volvemos a intentar. Y en un momento determinado, después de haberlo intentado por enésima vez, finalmente, pudimos lograrlo.

Esta situación se repite durante toda la vida, y es así como crecemos, nos fortalecemos y obtenemos seguridad. Sin embargo, por alguna razón, dentro del universo laboral esta dinámica se pierde.

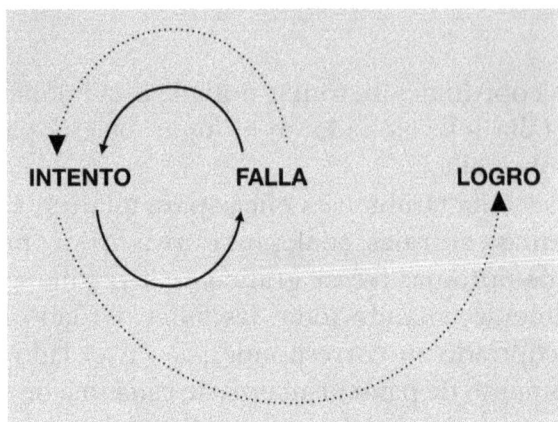

INTENTO　　　　**FALLA**　　　　**LOGRO**

Hoy se vuelve necesario volver a confiar, volver a explorar, volver a observar y volver a intentar. Es la única manera que tenemos los humanos de crecer y evolucionar. Transformemos, entonces, la manera de transformar.

Si crees que estás list@ para
Fallar y Aprender para Innovar y Liderar,
ya eres parte de esta cultura.
Bienvenid@ a la Cultura
FAIL.

www.ingramcontent.com/pod-product-compliance
Lightning Source LLC
Chambersburg PA
CBHW060618210326
41520CB00010B/1381